템플스테이
길라잡이

남궁선 엮음

템플스테이 참가자들을 위한 안내서이자

불교를 처음 접하는 이들을 위한 불교입문서

템플스테이 길라잡이

Korean Templestay Guide

템플스테이, 이것만은 알고 가자!

운주사

머리말

지난 2002년 한일 월드컵을 기점으로 하여 시작된 템플스테이가 외국인들은 물론이고 내국인들에게도 지속적인 반향을 불러일으키고 있다. 템플스테이templestay는 말 그대로 '사찰의 생활 방식을 따르며 일정 기간 머무는 것'을 의미한다. 달리 말하면 한국의 불교문화를 체험하기 위해서 사찰에 머무는 것이다. 근래에는 이와는 달리 세속의 번거로움을 피하여 머리를 식히기 위한 공간으로 사찰을 이용하는 휴식형 템플스테이도 많이 시행되고 있다.

이 책은 한국의 사찰문화와 불교가 추구하는 가치관을 전달하기 위하여 편집되었다. 사찰문화의 체험을 위하여 절을 찾는 사람들이 기본적으로 알았으면 하는 내용들을 간추려 정리하였다. 물론 휴식을 위하여 절을 찾은 사람에게도 이 책을 권하고 싶다. 가벼운 마음으로 읽다보면 더 큰 휴식을 얻을 수 있을 것이기 때문이다.

흔히 아는 만큼 보인다고 말한다. 사찰체험 프로그램에 임하기 전에 이 책을 숙지하거나 현장에서 직접 곁에 두고 보면서 그 과정에 임한다면 그만큼 많은 것이 보일 것이다. 또 우리 선조들이 무엇을 추구하며 살았고, 앞으로 우리 인류가 어떻게 살아야 위기에 처한 현대문명을 극복할 수 있을지, 불교에서 그 답을 찾을 수 있을 것이다.

눈에 보이는 것들을 위주로 설명하면서 그 속에 깃든 의미를 전달하고자 노력하였다. 불자들이야 익히 아는 이야기일 수 있겠지만, 비불자들은 이를 통해 불교에 대한 최소한의 지식을 습득하고 아울러 그 내면의 정신세계를 엿볼 수 있을 것이다.

다른 한편으로, 예불문과 「반야심경」, 그리고 『천수경』 등에 대한 간략한 해설을 실었는데, 이를 통하여 불교가 소중히 여기는 가치관이 어느 정도 드러날 것이다. 이 경들은 그 분량이 짧지만 우리나라 사찰에서 일상적으로 사용되면서 한국의 불교문화와 정신을 압축하여 담고 있기 때문이다.

마지막으로 명문들을 실었다. 한국의 불교에서 많이 애송되는 대표적인 명문들을 음미하면서 우리나라의 불교가 무엇을 추구하고 있는지 알 수 있게 하였다.

템플스테이를 통해 여러분들의 인생이 한층 더 풍요로워지길 두 손 모아 빌어본다.

열둘 애송되는 불교 명문名文

템플스테이란

1. 템플스테이의 운영방식

템플스테이templestay란 한국의 불교문화가 그대로 축적되어 있는 전통 사찰에서 수행자의 일상생활은 물론이고 불교의 근본사상을 체험하는 사찰문화체험 프로그램이다. 한국불교문화사업단이 제시하고 있는 템플스테이 유형은 크게 나누어 다섯 가지가 있다. 기본형, 휴식형, 수행형, 문화&생태 체험형, 맞춤형이다.

　휴식형이란 사찰의 주요 일정인 예불, 공양시간, 운력(울력) 등을 제외한 나머지 시간은 참가자의 의사에 따라 산책, 등산, 명상 등을 자유롭게 선택하여 일상에 지친 몸과 마음의 긴장을 풀어주는 휴식에 주안점을 둔 프로그램이다. 수행형은 전체 일정 중 참선(명상)이나 염불 등의 수행이 차지하는 비중이 높은 프로그램이다. 문화&생태 체험형은 연등·염주 만들기, 탁본, 천연염색 등의 프로그램과 사찰의 특성에 맞는 숲길 산책이나 트래킹, 삼림욕 등을 체험하는 프로그램으로 구성되어 있다. 맞춤형은 기업이나 단체의 특성에 맞는 내용을 정하여 일정을 진행하는 프로그램이다. 그 밖에도 맞춤형에서는 방학기간에 청소년의 성장발달을 위한 프로그

램이나 한문학당 등을 운영하기도 한다.

기본형 템플스테이 프로그램은 가장 흔히 접할 수 있는 사찰체험으로, 그중 1박 2일의 가장 간단한 일정을 보면 대략 다음과 같다.

2. 기본형 프로그램

첫째날

　13시 접수 및 방 배정, 입재식, 사찰안내

　16시 사찰예절 및 주의사항 안내

　17시 저녁공양

　18시 저녁예불

　19시 자유시간/사찰 별 프로그램(전통 등 만들기, 다도, 참선 등)

　21시 취침

둘째날

　04시 기상/도량석, 새벽예불

　05시 명상, 참선

　06시 아침공양

　07시 울력, 자유시간

　10시 사찰 별 프로그램(발우공양, 등 만들기, 다도체험, 사물놀이 등)

　12시 점심공양

13시 회향식(마침)

이 책은 기본형 템플스테이의 순서에 따라 내용을 편집하였다. 그리고 부록으로 템플스테이 시행 사찰 명단을 지역별로 정리하였다. 사찰마다 주요 프로그램이 다르므로 해당 사찰 홈페이지나 전화문의를 통해 자신에게 맞는 사찰을 선택해야 한다.

3. 템플스테이 Q&A

템플스테이란 무엇이며, 언제부터 시작되었나요?

······· 지난 2002 한·일 월드컵 때 외국인들에게 한국의 불교문화와 수행자의 삶을 체험할 수 있는 공간으로 사찰을 개방하여, 참가자들로부터 한국의 전통문화를 이해할 수 있는 좋은 계기가 되었다는 호평을 받으면서 시작되었습니다.

템플스테이는 어떻게 발전되어 왔나요?

······· 2002년 처음 시작할 때부터 호평을 들은 템플스테이는 각 사찰의 프로그램 개발에 힘입어 2004년에는 문화를 다루는 모든 언론매체들로부터 한국을 대표하는 전통문화체험 프로그램으로 가치와 가능성을 인정받았습니다. 외국인의 참여가 늘어나면서 2009년에는 경제협력개발기구(OECD)가 선정한 전 세계의 성공

적인 5대 관광 상품으로까지 자리매김하게 되었습니다.

참가자가 준비해 가야 할 준비물은 무엇입니까?
.... 대부분의 사찰에서 수련복만 제공하므로 템플스테이 기간만큼 여행길에 올랐다고 생각하고 가볍게 준비하면 됩니다. 즉 편안한 옷과 신발, 특히 세면도구와 수건 등은 개별적으로 준비하는 것이 좋습니다.

저는 교회에 다니는데, 타종교인도 참가할 수 있나요?
.... 템플스테이는 종교, 인종, 나이, 성별을 떠나 모두가 함께 할 수 있는 문화체험의 공간입니다. 템플스테이 참가자 중 비불교인이 대략 50% 정도 된다고 합니다.

종교가 다른 경우, 예불이나 기타 종교적 성격의 일정에 반드시 참가해야 하나요?
.... 이 부분은 미리 마음의 결정을 해놓고 가셔야 합니다. 준비되어 있는 모든 일정을 그대로 따르는 것이 좋겠지만, 마음에서 정말 받아들이기 어려운 행사는 미리 사찰과 상의하여 그 대안을 조정하시는 것이 좋습니다. 그러나 타종교 문화 체험의 기회라고 편하게 생각하고 의식에 참여하는 것도 색다른 경험이 될 것입니다.

템플스테이를 하면 어떤 점이 좋습니까?

.... 템플스테이의 장점으로는 ① 가장 한국적인 정신문화의 체험, ② 고요한 자연환경 속에서의 자기성찰과 휴식, ③ 참선 체험, ④ 사찰 음식 등을 통한 건강식의 재인식 등을 들 수 있습니다. 하지만 짧은 기간 동안 무엇을 얼마나 얻을지는 전적으로 참가자 개개인의 마음가짐이나 준비 정도 등에 달려 있다고 보아야겠지요.

템플스테이에 참가하려면 비용이 어느 정도 드나요?

.... 1박 2일에 성인 한 사람을 기준으로 하면, 체험형은 숙식비와 제반 경비를 포함해서 5만원~7만원 정도입니다. 하지만 프로그램별로 참가비용에 차이가 있으니 정확한 비용은 해당사찰에 확인해야 합니다.

어떤 사람들이 템플스테이에 참여할 수 있는지, 그리고 기간은 얼마인지 궁금합니다.

.... 지금까지 템플스테이에 참여한 사람들을 유형화하면 외국인, 일반인, 기업체, 학생 등이 개인 혹은 단체로 참여하였으며, 참가 기간도 1박 2일에서 5~10일에 이르기까지 다양합니다.

한 해에 템플스테이에 참가하는 사람들은 몇 명 정도입니까? 그리고 외국인들은 어느 정도 참가하나요?

.... 매년 참가인원이 꾸준히 증가하고 있습니다. 2004~2010년까지 7년 동안 내외국인 참가자 수가 66만 명이었습니다. 2012년에는 한 해에만 25만 명의 내외국인이 참가하였고, 이중 외국인의 숫자는 2만 6천 명에 달했습니다.

아무 사찰에서나 템플스테이가 가능합니까?
.... 대한불교조계종 한국불교문화사업단의 인가를 받은 사찰에서 시행하고 있으며, 전국적으로 120여 개의 사찰에서 템플스테이를 운영하고 있습니다.(이 책 맨 뒤 템플스테이 주소록 참고)

외국인의 참가가 가능한 사찰도 있습니까?
.... 2012년 현재 외국인을 대상으로 하는 상시운영 사찰이 16개가 있습니다. 이들 사찰은 영어통역자가 상주하고 있기에 언제든지 외국인의 참여가 가능합니다. 한국말이 가능한 경우에는 한국인과 마찬가지로 모든 사찰에서 템플스테이가 가능합니다.

템플스테이에서 체험할 수 있는 것에는 어떤 것들이 있습니까?
.... 참선, 명상, 다도, 서예, 발우공양, 사찰문화재 소개, 탁본, 연등 만들기, 트레킹, 탑돌이, 사경 등 사찰마다 다양한 프로그램들이 준비되어 있습니다.

템플스테이에 참가하려면 어떻게 해야 합니까?

.... 사전예약이 필수입니다. 해당 사찰에 직접 연락을 해서 예약을 하고 참가해야 합니다.

언제든지 참가가 가능합니까?

.... 주로 주말을 중심으로 프로그램이 진행되지만, 사찰마다 요일이나 기간이 다르므로 자신의 일정에 맞는 곳을 찾아 신청을 하고 참가해야 합니다.

숙소는 어떻게 배정되나요?

.... 일반적으로 남자와 여자로 구분하여 각각 큰방(대중방)을 사용하게 됩니다. 다만 가족이나 단체 등 특별한 경우에는 따로 방을 배정받아 사용할 수도 있습니다. 이 경우 미리 해당 사찰과 조율이 필요합니다.

템플스테이 참가 시 교통은 어떻게 하나요?

.... 시간에 맞춰 개별적으로 찾아가야 합니다. 다만 일부에서는 역이나 터미널에서 순환버스를 운영하기도 하는 등 사찰마다 다르므로 정확한 내용은 해당 사찰에 확인하시기 바랍니다.

한국 불교의 역사와 특징

1. 한국불교의 역사

우리나라에 불교가 처음 전래된 것은 고구려 소수림왕 2년(372)이다. 그때 전진의 왕 부견이 승려 순도를 사신으로 보내면서 고구려에 불상과 불경을 전달하였다. 중국에서 후한의 명제 때 불교가 공인되고(서기 67년) 305년이 지난 후의 일이다. 374년에는 중국에서 아도화상이 들어왔다. 375년에 왕은 순도스님과 아도화상을 위해 각각 성문사와 이불란사를 지었는데, 한국 최초의 절이다.

불교가 뿌리를 내리면서 고구려의 불교는 이웃나라에도 많은 영향을 주었다. 승랑은 중국에 들어가 삼론학을 연구하여 학문적인 체계를 완성시켰고, 혜자스님은 일본으로 건너가 성덕태자(574~622)의 스승이 되어 포교에 노력하였다. 또한 담징은 일본으로 건너가 종이와 묵의 제조법을 전하고 법륭사의 금당벽화를 그렸다.

백제에 불교가 전해진 것은 침류왕 원년인 384년 인도의 승려 마라난타에 의해서다. 그는 중국의 동진으로부터 바다를 건너 영광의 법성포로 들어온 뒤, 385년에 영광에 불갑사를 창건해 열 명의 스님을 배출하였다. 백제불교의 전성기는 성왕(523~554 재위) 시대로, 이때 활약한 스님이 겸익이다. 그에 의해 성왕 30년(552)에 일본으로 불교가 처음으로 전해졌다. 무왕 때의 관륵은 일본 최초의 승정이 되어 일본 불교의 기강을 바로잡으면서 불교문화의 진흥에 앞장섰다. 또 백제의 승려들은 나라가 망하자 일본으로 건너가 아스카 문화를 탄생시켰다.

신라에는 417년에 고구려 승려 아도화상에 의해서 불교가 처음 전해졌지만 공인받지 못하다가, 법흥왕 14년(527)에 이르러 이차돈의 순교를 계기로 불교를 받아들이게 된다. 불교를 본격적으로 발전시킨 진흥왕은 불교이념을 바탕으로 하여 화랑도를 조직하고 팔관회와 백고좌회百高座會를 개최하는 등 불교의 호국의식을 통하여 왕권 강화를 꾀하였다. 특히 화랑도는 미륵부처님을 정신적인 지주로 하여 용화세계를 이상향으로 삼으며 스스로를 용화향도라고 불렀다.

신라시대에는 뛰어난 스님들이 많이 배출되었는데 삼국통일 이전에는 세속 5계를 지은 원광스님과 계율의 중요성을 강조한 자장스님 등이 있고, 통일신라시대에는 유식학의 대가인 원측, 회통사상의 원효, 화엄학을 꽃피운 의상 등을 비롯해 경흥과 태현 등 수많은 고승들이 출현하여 국내외 불교계에 많은 영향을 미쳤다. 특히 신라시대는 불교문화의 황금기였는데 그 대표적인 유물로 불국사, 석굴암, 성덕대왕신종이 등이 남아 있다.

　　신라 전반기에는 법상, 화엄, 밀교 등의 대승불교가 성행하였고 후기에는 선불교가 들어왔다. 조계종조인 도의국사가 헌덕왕 13년(821)에 육조혜능의 남종선을 들여왔고, 그 후 신라 말과 고려 초에 구산선문을 이루게 되어 선이 한국불교에 뿌리를 내리게 되었다.

　　고려는 개국 당시부터 불교를 국교로 삼았다. 고려는 국가정책으로 승과고시를 두어 불교를 질적으로 향상시켰고 많은 덕 높은 스님들을 배출하였다. 광종 때의 고승 균여는 화엄학의 실천법으로 「보현십종원왕가」 11수를 향가로 지어 널리 보급하였다. 대각국사 의천은 천태종을 개창하였고 흥왕사에 교장도감을 설치하여 속장경을 간행하였다. 대한불교조계종의 중흥조로 일컬어지는 보조국사 지눌스님은 수선사를 중심으로 하여 정혜결사 운동을 통해 불교의 타락상을 바로잡고 선교禪敎의 갈등을 해소시키기 위해 노력하였다. 일연스님은 『삼국유사』를 지어 한국 고대사의 소중한 자료를 남겼다.

　　고려시대에 있었던 불사 중 가장 주목할 만한 것은 국가의 지원으로 이루어진 대장경 판각이다. 초조대장경은 불교의 힘을 빌려 거란의 침입을 극복하고자 현종 2년(1011)에 착수되어 선종 대에 완성되었다. 몽골의 침략에 맞서 이루어진 고려대장경의 판각은 고종 23년(1236)에 시작되어 16년 만에 마쳤는데 현존하는 한역대장경 중 가장 정교하고 방대한 양(1,512부 6,791권 81,258판)이다.

조선시대에는 숭유억불정책으로 불교는 격심한 탄압을 받았다. 조선을 건국한 태조 이성계는 도첩제를 강화하여 승려가 될 수 있는 길을 제한하였다. 하지만 그는 개국공신이었던 유생들의 억불정책에 전적으로 동조하지는 않았고, 그의 아들 태종이 왕위에 오르면서 억불抑佛의 칼날을 빼어들었다. 그는 불교의 각 종파를 통폐합하고 사찰의 노비와 재산을 몰수하였다. 세종 때에 이르러서도 억불정책은 계속되어 세종 6년(1424)에는 불교의 종파를 선교 양종으로 축소하였고 승려의 도성 출입마저 금지되었다. 그러나 세종은 말년이 되자 궁 내에 내불당을 지었고, 훈민정음을 반포하면서 불서를 한글로 펴내는 등 호불정책을 폈다.

　세조는 원각사를 비롯하여 여러 사찰을 중창하고 승려의 권익옹호와 불교의 위상을 높이는 일에 노력하였다. 그는 간경도감을 설치하여 중요한 불교경전을 한글로 번역하였다. 그러나 이러한 호불정책은 그리 오래 지속되지 않았다. 성종, 연산군, 중종이 왕위에 오르면서 불교는 다시 심한 박해에 시달려야 했다. 성종은 도첩제마저 폐지하여 승려가 될 수 있는 길을 막아버렸다. 연산군은 승려의 국가고시 제도인 승과제도를 폐지하였으며 절을 폐쇄하여 관청으로 삼았다. 중종 때에는 불교의 명맥을 유지하던 선교 양종마저 없애버렸다.

　그 후 불교가 잠시 활기를 되찾은 것은 명종 때였다. 명종이 왕위에 오르고 문정왕후가 섭정하면서, 보우스님을 앞세워 선교 양

종을 부활시키고 승과제도를 다시 실시하는 등 불교부흥 정책을 폈다. 이러한 제도에 힘입어 서산·사명 같은 뛰어난 스님들이 배출되었다. 문정왕후가 세상을 등지자 다시 불교의 탄압은 이어졌다. 이러한 박해에도 불구하고 승려들은 임진왜란과 병자호란 등의 외침에 맞서 의병활동으로 구국의 선봉에 나섰다. 이를 계기로 불교의 위상이 높아져 교학과 선문이 크게 발전했으나 여전히 스님들은 노역제도에 시달려야 했다. 천민 신분의 스님들은 양반들을 시중들기에 바빴다. 열악한 환경으로 수행 풍조는 무너지고 청정한 수행자는 찾아보기 힘들게 되었다.

칠흑같이 암울했던 시절에 혜성같이 나타난 사람이 바로 경허(1849~1912)였다. 경허스님은 활발한 선풍을 일으켰으며, 그의 영향을 받은 불교계는 도처에 수많은 선원을 열게 되었다. 세종 때에 시작된 승려의 도성출입 금지는 1895년이 되어서야 해금되었다. 이에 공헌한 사람은 불교를 신봉하던 개화파 김홍집과 박영효였다. 용성스님도 선원을 열어 수선납자들을 깨달음으로 이끌었다. 이들 양대 산맥에 의해 근현대의 한국불교가 새로운 전기를 맞게 되었다.

일제의 식민 지배에 저항한 대표적인 승려로는 한용운, 백용성, 박한영 등이 있었다. 일제의 불교 정책을 거부하며 맞서던 이들은 1920년에 선학원을 결성하여 한국불교의 전통을 지켜나갔다.

2. 한국불교의 특징

첫째로 한국불교는 종합과 조화를 추구한다. 비록 중국을 통해서 들어왔지만 한국의 불교는 한국 특유의 독창적인 모습으로 발전하였다. 그것을 회통불교 혹은 원융불교라고 한다. 한국불교는 모든 경전이 서로 조화와 융화를 이루고 있다고 생각하였다. 그래서 한국에서는 어느 한 경전에 치우친 종파만을 신봉하지 않는다. 이러한 사상을 제창하고 발전시킨 인물은 원효스님이다. 또한 이런 회통사상의 밑바탕이 되는 화엄사상을 우리 풍토에 맞게 정리한 이는 의상스님이다.

한국불교의 회통사상은 사찰의 구조에서도 잘 나타나고 있다. 예를 들면 실상사는 선종 사찰임에도 불구하고 법당에 화엄의 교주인 비로자나불과 약사여래불을 모시고 있다. 이처럼 한국의 사찰은 화엄, 법화, 관음, 정토, 지장, 선 등 모든 종파의 사상을 수용하고, 선과 교학을 수행법으로서 동시에 받아들이고 있다. 보조스님이 선종의 입장에서 교학을 함께 닦아야 한다며 정혜쌍수定慧雙修를 주장하고 선교일치를 추구한 것도 바로 그런 수많은 예들 중의 하나이다.

둘째로 한국불교에는 조사선의 수행 가풍이 그대로 남아 있다. 한국의 조사선은 화두를 들고 수행 정진하는 간화선이 주류를 이루고 있다. 화두를 참구하는 것은 의심을 일으켜 궁극적으로 깨달

음에 이르게 하는 수행법이다. 여래선은 여래의 교설에 의해 깨달음을 추구하지만, 조사선은 이러한 화두의 참구를 통하여 한순간에 깨달음의 경지에 오를 것을 강조하는 수행법이다.

한국의 선불교는 보리달마를 초조로 하여 선법을 이어받은 육조 혜능에서 유래한다. 조사선은 복잡한 교리를 통하지 않고 직지인심直指人心·견성성불見性成佛로 단박에 깨달음에 이르게 하는 수행법을 기초로 한다.

간화선의 전통이 주류를 이루게 된 것은 고려 중기의 보조국사 (1158~1210)와 말기의 태고 보우국사(1301~1382)의 노력에 힘입은 바가 크다. 그 후 맥이 끊겼던 조사선은 경허스님과 용성스님에 의해 다시 주류를 이루는 수행법으로 전통을 이어오게 되었다.

셋째로 안거제도가 남아 있다. 다른 나라에서는 거의 사라진 안거제도가 한국의 사찰에서는 여름과 겨울철에 각각 3개월간 시행되고 있다. 한국불교에서 안거란 선원에서 외출을 하지 않고 화두 참구 수행에만 전념하는 것을 말한다. 안거가 끝나면 수행자들은 만행을 떠나는데, 그것은 스승을 찾아가 수행을 점검받거나 삶의 현장으로 들어가 참선을 통해 얻어진 경지를 시험하기 위해서다. 그들은 누더기 옷을 걸쳐 입고 자기의 수행 정도를 점검하기 위하여 물처럼 구름처럼 흘러 다니기 때문에 운수납자雲水衲子라고 일컬어지기도 한다.

사찰 예절

I

고두배

불교는 부처님(佛)·불교의 가르침(法)·승단(僧)이라는 삼보=寶에 대한 믿음과 의지를 기본으로 한다. 그것을 삼귀의=歸依라 한다. 사찰은 수행 장소일 뿐 아니라 삼보를 여러 가지의 상징물로 모신 곳이므로 사찰 내의 모든 것들은 경배의 대상이 된다.

1. 절에서의 마음가짐

절은 부처님을 모신 성스러운 곳이며 수행과 전법의 공간이므로 절을 찾아온 사람이라면 누구나 기본적인 사찰예절을 갖추어야 한다. 일단 절에 들어오면 밖에서 가졌던 들뜬 마음을 가라앉히고 자신의 마음을 돌아보는 데 집중해야 한다.

2. 복장과 화장

사찰에서 입는 옷은 노출이 심하지 않아야 하며 화려한 것을 피하고 단정하게 입어야 한다. 화장을 짙게 해서는 안 되며 향이 강한 향수는 바르지 않는다. 한마디로 너무 튀거나 다른 사람의 감각을 자극하는 치장을 삼가야 한다.

3. 언어 및 행동

경내에서는 큰소리로 떠들거나 주위를 소란스럽게 해서는 안 되며, 뛰어다니거나 신발을 끌고 다니는 등의 행동도 주의해야 한다. 당연히 음향기기를 큰소리로 듣거나 노래를 불러서는 안 된다. 술 취한 상태로는 도량에 들어가지 말며, 고기를 먹거나 담배를 피우

면 안 된다. 연인끼리 서로 팔짱을 끼거나 어깨동무를 하는 등의 과한 애정표현도 삼가야 한다.

사찰 프로그램이나 행사에 참여할 경우 특히 몸가짐에 조심해야 한다. 되도록 작은 목소리로 조용히 말해야 하며, 특히 참선이나 명상, 공양 중에는 말을 하면 안 된다.

팔짱을 끼면 안 되고, 양팔을 흔들거나 뒷짐을 지어서도 안 되며, 차수를 해야 한다. 차수란 손을 교차한다는 뜻으로, 왼손을 오른손으로 감싸 단전 부위에 대는 것이다. 차수는 수행이나 기도할 때 또는 법당이나 스님 앞에서 취하는 자세로 겸손과 고요함을 나타내는 자세이다.

앉아 있을 때는 두 손을 단정히 무릎 위에 올려놓는다. 취침이나 기상, 공양시간은 사찰의 일정에 따라야 한다. 칫솔질을 하면서 돌아다니거나 세수할 때 소리를 내어서도 안 되고, 큰소리가 나게 침을 뱉거나 코를 풀어서도 안 된다.

4. 절에서의 예법

1) 합장

불교에서는 기본 예법으로 합장을 한다. 합장은 몸과 마음을 모아 예의를 드러내는 자세이다. 합장을 할 때는 몸을 바로 세우고 가슴과 어깨는 편 상태에서 팔의 힘을 빼고 두 손바닥을 맞댄다. 손바닥이 밀착하여 빈틈이 없어야 하며 손가락 사이가 벌어지지 않게 해야 한다. 손끝을 세워 손끝과 손목이 수직이 되고 손목과 팔꿈치가 수평이 되게 한다. 손바닥을 맞대었을 때 엄지손가락과 가슴 사이는 주먹 하나가 들어갈 만큼 여유를 두도록 하는데, 손이 가슴에 닿아도 무방하다.

합장을 한 상태에서 몸을 숙여 예를 표하는 것을 합장 절이라 하고, 다른 말로는 합장 반배라고도 한다. 합장 절은 서서 혹은 앉은 상태에서 할 수 있으며, 합장한 채로 허리를 45~60도 가량 앞으로 구부렸다 펴는 자세이다.

합장은 두 손을 통합해서 마음을 모으는 것이며, 나아가 나와 남이 둘이 아니라 하나의 진리 위에 합쳐진 한 생명이라는 의미가 담겨 있다. 합장 절은 다음의 경우에 한다.

- 경내에서 스님이나 다른 사람들에게 인사할 때
- 옥외에서 불탑에 절할 때
- 일주문을 넘어서 도량에 들어서거나 나올 때
- 법당에 들어서거나 나올 때
- 부처님 앞에 향이나 초 혹은 공양물을 올리기 전후에
- 절을 시작하거나 끝낼 때

2) 큰절

합장을 포함하여 절을 올리는 것은 삼보에 대한 예경과 상대방에 대한 존경을 의미하며, 스스로를 낮추는 예법 가운데 하나이다. 합장이 약식의 절이라면 큰절은 격식을 갖춘 절이다. 큰절은 상대방에게 최상의 존경을 표시하는 한국 고유의 인사법이다.

불교의 큰절은 세속의 큰절과 약간의 차이가 있다. 불교의 큰절을 오체투지라고 하는데, 신체의 다섯 부분(양무릎, 양팔, 이마)을 바닥에 대고 절을 하기 때문에 그렇게 부른다. 오체투지를 하는 방법은 합장한 자세로 반배를 한 다음, 두 무릎을 살며시 굽히면서 오른손, 왼손 순서로 바닥을 짚는데 두 손 사이의 간격은 어깨 넓이만큼 벌려서 바닥에 댄 다음, 두 팔꿈치와 이마가 바닥에 닿도록 몸을 숙인다. 무릎을 꿇고 엎드릴 때, 왼발이 오른발 위에 오도록 포개고 엉덩이가 발뒤꿈치에 닿도록 한다. 두 팔꿈치와 이마가 바닥에 닿은 상태에서 두 손을 편 채로 뒤집어 손바닥을 위로 향하게 하여 귀의 높이까지 들어 올린다. 일어날 때는 올렸던 손을 다시 제자리에 가져와 머리를 들어 허리를 펴고 손은 왼손, 오른손 순서로 가슴에 모아 합장의 자세를 취한다. 그리고 발을 세워 무릎을 펴면서 일어선다.

3) 고두배

삼배를 하거나 백팔배 또는 3천배를 할 경우에는 마지막 절을 한 다음, 마무리로 고두배를 한다. 고두배는 마지막 절을 한 다음 몸을 일으키지 않은 상태에서 머리를 들어 올리고, 두 손은 이마와 바닥 사이에서 합장을 하는 예절이다. 합장을 하고는 본인의 소원을 간단히 기원한 후, 두 손을 바닥에 대고 이마를 다시 바닥에 살며시 대는 동작을 말한다. 그 다음 똑같은 순서로 일어서서 합장 반배를 하면 큰절이 마무리된다.

5. 법당 예절

법당에서는 다음과 같은 예절을 지켜야 한다.

• 법당을 출입할 때는 법당 좌우의 옆문으로 다닌다. 가운데 문(어

간문御閒門이라 한다)은 큰스님용이다.

• 법당에 들어갈 때는 신발을 벗어 가지런히 놓아야 한다.

• 문을 열고 닫을 때는 요란한 소리가 나지 않도록 조심스럽게 문을 위로 약간 쳐들어 준다.

• 법당에 들어가거나 나올 때는 합장 반배를 한다.

• 법당에 들어가면 부처님 전에 삼배를 해야 한다.

• 부처님 정면은 스님의 자리이므로 중앙을 피해 좌우에 앉는다.

• 법당의 문지방에 앉거나 법당 안에서 누워 있으면 안 된다.

• 다른 사람이 기도나 절을 할 때는 방해가 되지 않도록 하고, 부득이 그 앞을 지날 때는 합장한 자세로 조심스럽게 지나간다.

• 다른 사람의 방석(좌복)이나 경전을 밟거나 넘어가면 안 되고, 법당의 물건을 사용한 후에는 제 자리에 갖다 놓아야 한다.

• 법당 안에서는 큰소리로 이야기를 하거나 소란스럽게 하지 않는다.

• 법회 중에는 부처님 전에 공양물을 올리면 안 되고 끝나고 나서 해야 한다.

• 다른 의식에 동참하지 않고 법문만을 중요시하여 늦게 입장하거나 일찍 나가는 행위는 안 된다.

촛불을 밝히고 향을 피울 때

합장을 한 채 불단에 나아가 촛불을 밝히고 향을 사른다(이미 촛불이 켜 있을 때는 향만 사르면 된다). 향을 올릴 때는 손으로 향을 집어 향의 중심부를 잡고 먼저 촛불에 대어 향불을 붙여야 한다. 향에 불이 타오르면 입으로 불어서 끄면 안 되고 손을 이용하거나 흔들어 꺼야 하며, 왼손으로 오른손목을 받쳐 들고 향을 든 손을 이마 높이로 올려 경건한 마음으로 예를 표한 다음 향로의 중앙에 꽂는다. 향불이 여러 개 꽂혀 있으면 피우지 않아도 된다.

향은 자신을 태워서 아름다운 향기를 내뿜고 초는 자기 몸을 태워서 어둠을 밝힌다. 이처럼 자신의 공덕을 회향하여 일체중생의 고통을 덜어주고 그들이 진리를 얻도록 하는 것이 향이나 초공양의 참된 의미이다. 향과 초의 공양을 통하여 화합과 용서를 배우고 자비심과 헌신을 키워나가야 한다.

법당에서 맨 마지막에 나올 때는 반드시 촛불을 끄고 나와야 한다. 촛불을 끌 때는 집게를 사용해야 한다. 집게가 없더라도 입으로 불어서 끄면 안 되고 손가락으로 심지를 집거나 손바람으로 꺼야 한다.

6. 식사 예절

절에서는 식사를 공양이라고 한다. 공양을 시작하기 전에 반드시 합장을 하고 고마운 마음을 표한 다음 먹어야 한다. 먹던 음식물을 남겨서는 안 되며, 먹을 양만큼만 적당히 가져다 먹어야 한다.

맛에 탐닉하거나 욕심을 부리면 안 된다. 식사 중에는 말을 하면 안 된다. 공양을 마친 후에도 고마운 마음으로 합장인사를 해야 한다.(이에 대해서는 뒤의 발우공양편에서 자세히 다룬다)

7. 스님에 대한 예절

스님은 부처님의 가르침을 배우고 실천하면서 불자들에게 올바른 신행생활을 지도하는 분이다. 스님은 중생의 복전福田이 되므로 공경하는 마음으로 대해야 한다. 스님을 경내에서 혹은 길에서 만나면 반드시 합장하고 인사를 드린다. 실내에서는 1배 혹은 3배의 예를 올려야 한다.

스님을 부를 때는 반드시 '~스님' 또는 '스님'이라고 부르며 필요한 말만 해야 한다. 스님의 나이가 어리거나 친분이 있더라도 스님에게 반말을 하거나 예를 갖추지 않은 행위를 하면 안 된다.

月出山道岬寺

II

사찰 건축물

사찰의 건물배치는 경전에 근거하여 일정한 법칙과 불교의 세계관에 따라 구성되어 있다. 사찰의 문이나 전각은 단순히 통행을 하거나 불상을 배치하기 위한 건축물이 아니고, 불교의 정신을 형상화한 예술품들이다. 다시 말하면 불교의 건축물과 그 부속물은 불교경전의 내용을 글자가 아닌 건축기법과 조형물로 나타낸 불교의 상징물이다. 그 하나하나를 알아가다 보면 불교가 지향하는 정신세계를 저절로 알게 된다.

1. 문

일주문

범어사 일주문

일주문一柱門은 사찰의 입구에 있는 첫 번째 문으로 세속에서 불국토에 접어들었음을 상징한다. 기둥이 한 줄로 늘어서 있다고 하여 일주문이라 부른다. 일반 건축물은 네 귀퉁이에 기둥을 세우고 그 위에 지붕을 얹지만 일주문은 일직선으로 배열된 기둥 위에 지붕을 얹는 독특한 건축양식을 취하고 있다.

그 이유는 신성한 가람에 들어서기 전에 세속의 흩어진 마음을 하나로 모아(一心) 진리의 세계로 향하라는 상징적인 의미를 나타내기 위해서다. 일주문의 처마 밑에는 현판을 걸어 사찰의 이름을 밝히고, 양쪽 기둥에는 절의 성격을 나타내는 글(주련柱聯)을 적기도 한다. 일주문에 들어서기 전에 먼저 마음을 가다듬고 합장 반배를 한다.

금강문

웬만한 규모의 격식이 갖추어진 절에는 일주문 다음에 금강문金剛門이 나타난다. 일주문이 사찰의 대문이라면 금강문은 중문에 해당한다. 금강역사金剛力士가 문의 양쪽을 지키고 있어 금강문이라 부르는데, 금강역사는 불법을 훼방하려는 사악한 무리들을 경계하고, 사찰로 들어오는 모든 잡신과 악귀를 물리쳐 불법을 보호하는 신들에 속하는 무리이다. 따라서 참배자들은 금강문을 들어서면

송광사 금강문

샛된 마음을 버리고 경건한 마음을 가져야 한다.

오른쪽을 지키는 금강역사는 나라연금강那羅延金剛인데 힘의 세기가 코끼리의 백만 배나 된다고 하고, 왼쪽의 역사는 밀적금강密迹金剛인데 야차신夜叉神의 우두머리로서 손에는 금강저를 쥐고 있다. 이들은 본래 인도의 토속신으로 문을 지키는 문신門神이었지만, 사찰에서 불법을 지키는 신으로서 이들을 수용하였다. 이들이 험악한 인상과 위협적인 자세를 취하고 있는 것은 샛된 귀신의 무리들을 막아내고 참배객들로 하여금 샛된 마음을 버리고 경건한 마음으로 성스러운 영역에 들어오도록 통제하기 위해서이다.

사천왕문

금강문을 지나면 사천왕문四天王門(또는 천왕문)이 나타난다. 사천왕은 불교의 우주관에서 천상계의 가장 낮은 곳에 위치한 사천왕천의 동서남북 네 곳을 관장하는 신이다. 사천왕은 본래 고대의 인도 종교에서 숭앙했던 신들의 왕이었다. 이들이 부처님의 가르침을 듣고 불교에 귀의하고 나서는 불법을 지키는 수호신이 되었는데, 동서남북 사방에서 불국정토를 마귀들로부터 지켜주는 역할을 한다.

그래서 사천왕은 험상궂은 표정으로 악귀를 밟고 있는 모습을 취하고 있다. 사천왕과 그 부하들은 천하를 두루 돌아다니면서 착한 이에게는 상을 주고, 악한 이에게는 벌을 내린다고 한다. 각 방

지국천왕　　증장천왕

향을 지켜주는 왕이 문의 양쪽에 두 명씩 자리 잡고 있다.

　동쪽을 수호해주는 왕은 지국천왕持國天王으로 손에 칼을 쥐고 있고, 남쪽을 지켜주는 증장천왕增長天王은 노한 눈빛을 하고 오른손에는 용을 왼손에는 여의주를 쥐고 있다. 서쪽을 지키는 광목천왕廣目天王은 눈을 부릅떠서 나쁜 것을 물리친다 하여 광목이라 부른다. 또 웅변을 통하여 온갖 나쁜 악귀를 물리치는 역할을 상징하여 입을 벌리고 있다. 오른손은 삼지창을 들고 있고 왼손에는 보탑을 받들고 있다. 북쪽을 지키는 다문천왕多聞天王은 비사문천왕이라고도 하는데, 언제나 도량을 지키면서 부처님의 설법을 듣는다

김용사 천왕문

고 하여 다문천왕이라고 한다. 미소 짓는 얼굴에 비파를 켜는 모습을 취하고 있다.

광목천왕　　　다문천왕

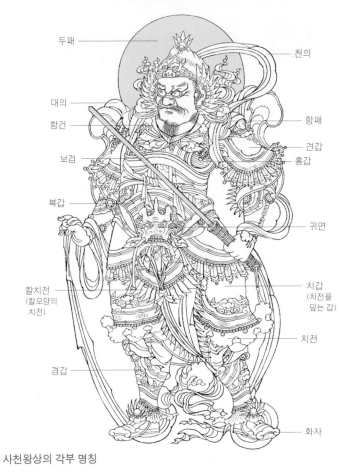

두패 ── 　　　 ── 천의

대의 ── 　　　 ── 항패

항건 ──

　　　 ── 견갑

보검 ── 　　　 ── 흉갑

복갑 ──

　　　 ── 귀면

칼치전
(칼모양의
치전) ──
　　　 ── 치갑
　　　 (치전을
　　　 덮는 갑)

　　　 ── 치전

경갑 ──

　　　 ── 화자

사천왕상의 각부 명칭

41

범어사 불이문

불이문

불이문不二門은 마지막 관문으로 사찰의 주 법당에서 가장 가까이 있는 문이다. 물론 규모가 작은 절에는 불이문이 없는 경우도 많다. 다른 문이 불교를 수호하는 신들을 봉안하기 위해 건립된 문이라면 불이문은 불교의 진리를 상징하는 문이다. 불이不二는 불교의 핵심적인 개념의 하나로, 진리는 '둘이 아니다'라는 뜻을 내포하고 있다.

부처님의 가르침에 따르면, 만물은 각각 다른 듯이 보이지만 실은 서로 연결되어 있고 통합되어 조화를 이루고 있는 하나이다. 불국토와 세속, 생물과 무생물, 생과 사, 선과 악, 남성과 여성, 즐거움과 고통, 그리고 그밖의 이분법적인 현상은 궁극적 실재의 일시

마곡사 해탈문

적인 양상에 불과한 것이다. 이분법적인 개념은 대립과 상대성을 의미하고, 세속적인 문제를 판단하는 흔한 방법이다. 그러나 불이 법은 대립과 분별을 초월하여 평등의 진리에 도달하는 방법이라고 할 수 있다. 불이문을 해탈문解脫門이라고도 하는데, 해탈이란 완전한 깨달음을 얻어 업과 윤회의 굴레에서 벗어난 것을 의미한다.

보제루

누각(樓)은 사방을 바라볼 수 있도록 높이 지은 건축물을 말한다. 보제루普濟樓는 누각의 일종으로 주 법당의 정면에 위치한 2층으로 된 건물이다. 절에 따라 만세루萬歲樓·구광루九光樓 등의 다양한 이름으로 불리기도 한다.

불법을 통하여 모든 중생을 두루 제도한다는 뜻에서 보제루라는 명칭을 많이 사용하고 있다. 만세루란 부처의 설법이 만년을 누린다는 뜻에서 붙인 이름이다. 구광루는 부처님께서 매번 백호에서 광명을 내놓은 다음 9번의 설법을 하셨다는 『화엄경』의 내용에서 유래한다.

보제루는 강당으로 사용하기 위해 지어진 누각이다. 법회와 법요식 때 사용하기도 하지만, 사람이 많이 모여 법당에서 대중을 모두 수용할 수 없을 때 주로 사용된다. 이 건물의 1층은 법당으로 가기 위한 통로와 사찰에 필요한 부속 공간으로 이용되며, 2층은 법회 등의 집회를 위한 공간으로 사용된다. 보제루가 있는 사찰의 경우에는 대부분 불이문不二門을 건립하지 않는다. 이 누각 옆에는 보통 종각鐘閣이 자리하게 된다.

2. 전각들

전각殿閣이란 원래 임금이 사는 궁전이나 누각 같은 큰 건물을 의미하는 단어이지만, 사찰에서 전殿은 부처님이나 보살을 모신 집(법당)을 의미하고, 각閣은 전에 비하여 격이 떨어지는 건물로 산신이나 칠성 등 토속신을 모신 집을 말한다.

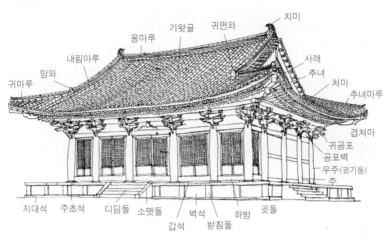

대웅전

대웅전大雄殿은 석가모니부처님을 모신 법당이다. 위대한 영웅을 모신 집이라는 의미에서 대웅전이라고 부르는데, 간단히 대법당 혹은 법당이라고도 부른다. 대웅전이 주 법당인 사찰에서는 대부분의 법회와 큰 행사를 이곳에서 치른다. 대웅전은 지형에 알맞게 절의 정중앙에 자리를 잡지만 간혹 한쪽에 자리하는 경우도 있다.

　석가모니부처님의 불상 좌우에 보살이 서 있는데, 옆구리 쪽에서 시중든다고 하여 협시脇侍보살이라고 한다. 일반적으로 왼쪽에는 문수보살, 오른쪽에는 보현보살이 자리하고 있다. 절에 따라서는 석가모니부처님을 주불로 하고 좌우에 약사여래와 아미타불을

봉정사 대웅전

동학사 닫집

모시고, 그 사이에 협시보살을 봉안하여 대웅보전大雄寶殿이라 하기도 한다.

대웅전의 석가모니부처님이 모셔진 위쪽 천장에는 아름다운 공예품 같은 작은 집이 매달려 있다. 그 집을 닫집이라 부르는데 '닫'은 '따로'라는 옛말이다. 그러므로 닫집은 집안에 따로 지어 놓은 또 하나의 집을 의미한다.

대웅전에는 부처님을 모신 자리인 수미단須彌壇, 신중을 모신 신중단神衆壇, 영혼(영가)을 모신 영단이 설치되어 있다. 신중이란 불법을 파괴하고 핍박하려는 외부 세력으로부터 불법을 보호하겠다고 서원을 세운 신들의 무리이다. 신중단은 부처님의 오른쪽에 신중탱화로 모시고, 영단은 감로탱화와 함께 왼쪽에 모신다.

신중들은 불법을 듣는 것을 좋아한다고 한다. 법회나 예불 때 신중단을 향해 「반야심경」을 독송하는 것은 바로 불법을 그들에게 들려주기 위해서이다. 감로탱화甘露幀畵는 목련존자가 아귀도에서 거꾸로 매달려 고통을 겪는 어머니를 구제하여 극락왕생하게 했다는 『불설우란분경』의 내용을 형상화한 그림이다. 탱화幀畵란 천이나 종이에 불화를 그려 족자나 액자 형태로 만들어 걸 수 있는 불교그림을 말한다. 감로탱화는 불교적 세계관 속에 우리의 조상숭배 사상이 녹아 있는 그림이라고 할 수 있다.

불상의 각부 명칭

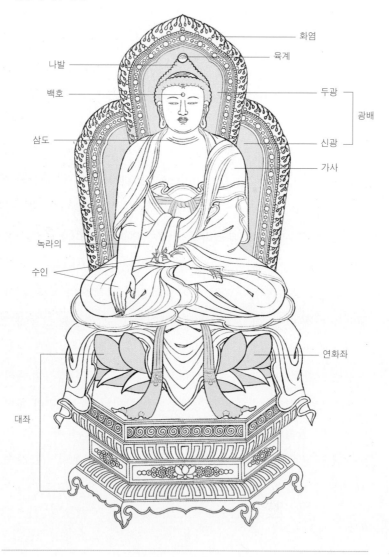

화염

나발

육계

백호

두광

삼도

광배

신광

가사

녹라의

수인

연화좌

대좌

대적광전

대적광전大寂光殿은 법신불인 비로자나불(대일여래大日如來)을 모신 전각이다. 대적광전의 적寂은 선정禪定을, 광光은 지혜의 빛을 의미한다. 태양의 빛이 퍼져 어둠을 걷어내는 것처럼 비로자나불이 비추는 진리의 빛이 우주에 두루함을 나타낸다. 대적광전에는 비로자나불을 주불로 하여 양 옆에 노사나불과 석가모니불을 모시고 있다. 비로자나불은 법신불法身佛로 진리를 상징하고, 노사나불은 바라밀 수행을 통해 부처를 이룬 보신불報身佛이며, 석가모니불은 중생을 구제하기 위해 이 세상에 출현한 화신불化身佛이다.

비로자나불의 손의 모습(수인手印)은 지권인智拳印을 취하고 있다. 지권인이란 왼손의 검지를 오른손으로 감싸 잡고 그 검지 끝에

초암사 대적광전

중대 비로자나불

오른 검지를 구부려서 올려놓은 모양을 말하는데, 이것은 번뇌를 없애고 부처의 지혜를 얻는다는 뜻이다.

대적광전을 때로는 비로전毘盧殿이나 화엄전華嚴殿이라고도 부르는데, 비로자나불을 모셨지만 그 사찰의 주불전이 아닌 경우에는 비로전이라고 부른다. 화엄전이라고 하는 이유는 비로자나불이 화엄장세계의 교주이기 때문이다. 또 비로자나불은 우주 어디에나 광명을 비춘다고 하여 대적광전을 대광명전大光明殿이라고도 부른다.

미륵전

미륵전彌勒殿은 미래불인 미륵부처님을 모신 법당으로 미륵이 용화세계에서 중생들을 교화하는 것을 상징하는 법당이다. 미륵은

자비를 뜻하는 말로 범어 마이트레야Maitreya의 음역이다. 그러므
로 미륵보살을 자비보살이라 하고 미륵전을 자씨전慈氏殿이라고도
부른다.

또 미륵불이 활동할 새로운 불국토가 용화龍華세계이기 때문에
미륵전을 용화전이라고도 한다. 미륵보살은 현재 도솔천의 미륵천
궁(彌勒天宮, 내원궁內院宮)에서 천인들을 위하여 설법을 하고 있으
며, 석가모니부처님 입멸 후 56억 7천만 년이 지나면 용화세계의
화림원에 있는 용화수 아래서 성불하여 사제四諦와 12연기에 대한
세 번의 설법으로 중생들을 교화한다고 한다. 그것을 일러 용화삼
회龍華三會의 설법이라 한다.

금산사 미륵전

미륵신앙이란 미륵보살을 믿고 따르면 내세에 도솔천에 태어나 미륵보살을 만나게 되고, 미륵보살이 용화세계에서 성불한 후 설법하는 것을 들으면 깨달음을 얻게 된다는 것이다. 도솔천에 머물고 있는 미륵보살이 사바세계에 태어날 미래를 구상하며 명상에 잠겨 있는 모습을 형상화한 것이 바로 미륵반가사유상이다. 미륵부처님은 보통 전각 밖에 모셔지며 손은 팔을 들고 다섯 손가락을 편 채 손바닥을 밖으로 향하는 시무외인施無畏印을 취하고 있다. 시무외인이란 중생의 두려움을 없애주는 것을 상징하는 손의 모습이다.

약사전

약사전藥師殿은 약사여래를 모신 법당이다. 약사여래는 사람들의 병을 고치고 고통을 구제하는 부처님으로 동방정유리세계東方淨琉璃世界의 교주이다. 그러한 이유로 약사전을 동쪽에 두는 경우가 많다. 약사여래상은 대부분 왼손에 약병을 들고 있다.

그는 보살이었을 때 12대 서원을 세웠는데 그 내용은 지혜의 광명으로

미륵반가사유상

기림사 약사전

중생의 어두움을 몰아내고 중생들이 삼악도(지옥·아귀·축생)에 떨어지지 않기를, 기근·형벌·질병의 고통을 받지 않기를, 모두 깨달음을 이루기를 바라는 것이다. 간단히 말하면, 그러한 서원으로 약사여래가 중생을 깨달음의 세계로 인도해주기도 하지만 약사여래의 주 업무는 중생의 병을 없애주고, 굶주린 자를 배부르게 하고, 헐벗은 자에게 옷을 주는 등 괴로움 속에 빠진 중생을 구제해주는 일이다. 좌우에 일광·월광보살을 협시보살로 삼고 있으며 그 권속으로는 12신장의 호법신이 있다.

극락전

극락전極樂殿은 아미타불을 모신 법당이다. 아미타불의 광명은 온

대승사 극락전

우주를 비추고(무량광無量光) 수명이 한량이 없어(무량수無量壽) 아미타불을 무량광불無量光佛이라고도 부르고 모신 전각을 무량수전無量壽殿이라고도 한다. 또 이름 그대로 (아)미타전이라고도 부른다. 극락세계는 아미타불이 설법하고 계시는 고통이 없고 즐거움만 있는 곳으로 사바세계의 중생들이 고난을 피할 수 있는 영원한 피난처이다.

사바세계란 우리가 사는 이 세상을 말한다. 사바란 범어 사하saha의 음역으로 '참다'라는 의미를 가지고 있다. 이 세계의 중생은 안으로는 여러 가지 번뇌가 있고 밖으로는 추위, 더위, 비바람, 배고픔이 있어 이를 참고 견디지 않으면 안 된다. 그래서 사바세계를 인토忍土라고도 한다.

부석사 무량수전

  극락전에는 아미타불을 주불로 하여 그 좌우에는 고해苦海의 중
생을 극락으로 인도하는 관세음보살과 대세지보살을 모시고 있다.
아미타불에게는 자비문과 지혜문이 있는데 관세음보살은 자비를,
대세지보살은 지혜를 나타낸다.

  아미타불의 전신前身은 법장비구法藏比丘로 국왕 출신의 수행자
였다. 그는 여래의 덕을 칭송하고 온갖 행을 닦아 중생을 제도하려
는 원을 세웠다. 그가 세운 48가지 원은 한결같이 중생들이 극락에
태어나 부처가 되어 열반에 도달하게 해달라는 내용이다. 그것은
바로 내 마음의 변화에 의한 이타행利他行으로 완성되는 것이다.
따라서 아미타불의 서원이란 바로 자기 자신을 변화시키겠다는 자
신에 대한 약속이다.

지장전

지장전地藏殿은 지장보살을 모신 전각이다. 지장보살은 석가모니부처님의 입멸 후부터 미래불인 미륵부처님이 이 땅에 오실 때까지 천상, 인간, 아수라, 아귀, 축생, 지옥의 육도중생을 대자비로 교화하는 임무를 맡은 보살이다. 특히 지장보살은 지옥에 있는 모든 중생을 구하겠다는 원력을 세우고 그때까지 자신의 성불을 미룬 보살이다. 그는 머리에 녹색의 두건을 두르고 손에는 지팡이(석장錫杖)를 쥐고 있다.

석장을 육환장六環杖 또는 성장聲杖이라 하는데, 육환은 지팡이에 여섯 개의 고리가 달려 있어서 붙여진 이름으로 육도를 의미한다. '성장'이라고 부르는 것은 수행자들이 길을 걸을 때 지팡이로 소리를 내어 뱀이나 전갈 같은 독충들을 쫓아내거나, 걸식을 나갔을 때 신도들에게 문 앞에 이르렀음을 알리는 도구로 사용되었기 때문이다.

지장전을 명부전冥府殿이라고도 하는데, 명부전이란 이승을 떠난 사람이 저승에 가기 전에 지은 업에 따라 심판을 받는 장소를 의미한다. 이곳에는 업경대業鏡臺가 설치되어 있어 전생에 지은 선악의 행적이 그대로 나타난다고 한다. 사후에 심판을 내리는 제왕

지장보살도

마곡사 명부전

의 수가 열 명이기 때문에 지장전을 시왕전十王殿이라고도 부른다.

　사람이 목숨을 마치면 유족들은 망자가 좋은 곳에 태어나길 바라며 이곳에서 7일 간격으로 49일 동안 7번의 재를 지낸다. 그때마다 유족들은 명계冥界의 법정인 지장전에서 지장보살에게 망자가 지은 온갖 악업이 소멸되기를 빌고 지옥에 떨어지지 않고 극락왕생하길 기원한다. 이때 지장보살은 지옥에서 고통을 받고 있는 중생들을 불쌍히 여겨 육환장을 울려 지옥문을 열고 들어가 영수靈水를 뿌려 중생을 구제한다고 한다.

업경대

관음전

관음전觀音殿은 대승불교에서 가장 중요한 보살 중의 한 분인 관세음보살을 주불로 모신 전각이다. 관세음보살은 대자대비의 화신이다. 그는 무량한 수명과 무량한 광명을 가진 아미타불의 권능으로 고해苦海의 중생을 대자비로 구제하여 극락정토로 인도해주는 보살이다.

관세음보살은 고통에 허덕이는 중생이 그 이름을 간절히 부르기만 하면 그들의 근기에 따라 대자비를 베풀기 위해 각각 다른 모습으로 나타나는데 주로 33가지 모습을 나타낸다. 그 모습은 손에 든 물건이나 손의 숫자에서 구별이 된다. 그래서 이름도 다양하다. 그 중 천수관음은 일체중생을 이익 되게 하고 안락하게 하기 위해서

표충사 관음전

관세음보살 및 협시

천 개의 손과 천 개의 눈을 가지고 있어서 붙여진 이름이다.

관세음보살을 주불로 모시는 절에서는 관음전을 원통전圓通殿 또는 대비전大悲殿이라고 부른다. 관세음보살이 모든 중생의 고뇌를 두루 씻어주기 때문에 그 권능과 구제의 측면을 강조하여 붙인 이름이다. 「관음청 거불」의 내용에 "나무원통교주圓通敎主 관세음

파계사 원통전

보살"이 있는데 여기서 원통이란 이근원통耳根圓通을 줄인 말이다. 이근은 귀를 말하며, 원통은 중생이 내는 무슨 소리든지 다 들어주고 그 문제를 다 해결해준다는 뜻이다.

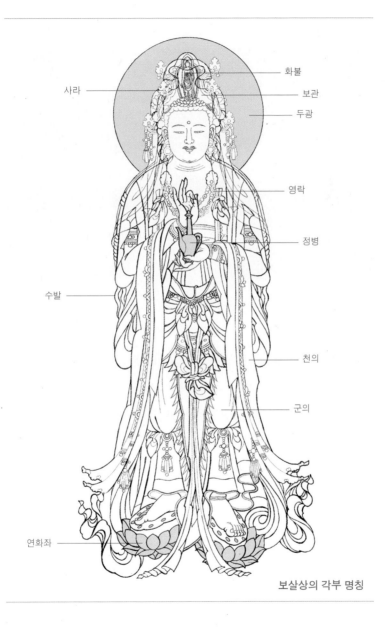

화불
사라
보관
두광
영락
정병
수발
천의
군의
연화좌

보살상의 각부 명칭

영산전

봉은사 영산전

영산전靈山殿의 영산은 영취산靈鷲山의 준말로 석가모니부처님이 대중을 상대로 설법을 자주했던 왕사성에 있는 산 이름이다. 영산 전에는 주불로 석가모니부처님을 모시는데, 대웅전과는 달리 그 좌우에 제화갈라보살과 미륵보살을 협시보살로 봉안한다. 제화갈 라보살은 연등불의 화신으로 석가모니의 전생 인물이었던 선혜보 살에게 91겁 후에 석가모니부처가 되리라는 예언(授記)을 하였던 과거불이고, 미륵보살은 석가모니불로부터 미래에 성불하리라는 예언을 받은 미래불이다. 이를 일러 수기授記 삼존불이라고 한다.

영산전의 후불탱화로는 영산회상도靈山會上圖를 봉안하여 영취 산(영축산)에서 『법화경』을 설법했던 장면을 묘사하고 있고, 그 주 위에는 8폭의 팔상도八相圖를 봉안한다. 그래서 영산전을 팔상전이라고도 부른다.

나한전

나한전羅漢殿은 나한을 모신 법당이다. 나한은 범어 아라한arhan의
준말로 존경받을 만한 분, 공양 받을 만한 분(응공應供)을 의미하는
말이다. 나한은 성자聖者를 뜻하는 말로 불교뿐 아니라 인도의 다
른 종교에서도 사용하는 용어다. 석가모니부처님도 자신을 '아라
한'이라 불렀다.

특히 초기불교에서 아라한은 수행을 통해 최고의 경지에 도달
하여 모든 번뇌와 고통을 여의어 해탈에 이른 사람을 가리킨다. 더
이상 배울 것이 없다는 뜻에서 '무학無學', 또는 진리에 도달했다는

지장암 나한전

대승사 응진전

뜻에서 '응진應眞'이라고도 한다. 그래서 나한전을 응진전應眞殿이라고도 부른다.

나한은 미래불인 미륵불이 나타날 때까지 중생들을 제도하라는 부처님의 수기를 받은 분들이다. 석가모니부처님에게는 16명의 뛰어난 제자들이 있는데 이들을 16나한이라 한다. 나한전에는 주존불인 석가모니의 좌우에 아난阿難과 가섭迦葉이 봉안되어 있으며, 그 양편에 16나한이 배치되어 있다. 사찰에 따라서는 과거, 현재, 미래의 삼세를 상징하여 삼존불로 석가모니불의 좌우에 미륵보살과 제화갈라보살을 모시기도 한다. 그리고 끝부분에는 범천과 제석천을 봉안한다.

엄숙한 분위기가 감도는 불전과 달리 나한전은 자유분방한 느낌을 주는데, 그 이유는 나한들이 각양각색으로 저마다 특징적인 모

습을 나타내고 있기 때문이다. 16나한을 후불탱화로 봉안하는 경우도 많은데, 이 경우에는 불단에 나한상을 모시지 않는다. 후불탱화에는 16나한도 이외에 영산회상도가 그려져 있는 경우도 많이 볼 수 있다. 5백 나한을 모신 나한전도 있는데, 이들은 부처님이 열반한 후 부처님의 설법 내용을 정리하기 위해 제1결집結集에 참여했던 5백 명의 비구들이다.

나한이 중생에게 복을 주고 소원을 성취하게 해준다고 믿어 많은 사찰에 나한전이 건립되었다.

적멸보궁

전각의 이름은 그 안에 봉안된 불보살의 이름에 따라 정해지지만 적멸보궁寂滅寶宮은 그렇지 않다. 왜냐하면 전각 안에 불상을 모시지 않기 때문이다. 부처님의 분신인 사리를 모신 성역에 있는 집이기 때문에 전각보다 격을 높여 보궁寶宮이라고 한다. 적멸이란 범어 니르바나nirvana의 소리글인 열반을 뜻으로 풀이한 말로 원적圓寂이라고도 한다. 불교가 추구하는 이상적 경지인 적멸이 전각의 이름으로 사용되면서 궁宮이라는 이름이 붙여진 것이다. 적멸보궁에는 불상을 모시지 않는 대신 밖의 계단戒壇에 모셔진 부처님의 진신사리 탑을 경배 대상으로 삼는다. 그러므로 적멸보궁은 예배 공간으로서의 역할을 하는 건축물이다. 5대 적멸보궁은 설악산 봉정암, 오대산 상원사, 사자산 법흥사, 태백산 정암사, 양산 통도사

통도사 적멸보궁

상원사 적멸보궁

에 자리하고 있으며, 그중에서도 통도사의 적멸보궁이 가장 규모
가 크고 잘 보존되어 있어 통도사를 불보사찰이라고 부른다.

조사당

부석사 조사당

조사당祖師堂은 사찰과 관련된 역대 주요 조사나 후세에 존경받는 큰스님 또는 절의 창건주, 역대 주지 등의 영정이나 위패를 모신 집을 말한다. 국사가 배

송광사 국사전

출된 절에서는 조사당 대신 국사전國師殿을 둔다. 순천 송광사의 국사전이 대표적인 예이다.

칠성각

칠성각七星閣은 칠성신을 모신 건물이다. 칠성은 수명장수를 관장하는 신으로 원래 중국의 도교사상에서 유래하지만, 칠성각은 다른 나라에서는 찾아볼 수 없고 오직 우리나라의 사찰에서만 볼 수 있는 전각이다. 우리 조상들은 북두칠성이 인간의 행복과 불행을 관장한다고 믿었다. 그러한 샤머니즘적 전통이 우리나라에서 불교와 습합하여 칠성신앙으로 발전하였다.

칠성신앙의 대상은 7여래의 화현으로 나타난 칠성신이다. 그래서 칠성각은 단순히 도교의 칠성신만을 모시지 않고 삼존불과 7여래를 함께 모시고 있다. 삼존불은 치성광熾盛光여래와 좌우에 일광과 월광보살이 협시보살로 자리한다.

칠성각

산신각

산신각山神閣은 산신을 모시는 집이다. 산신은 불교가 도입되기 이전부터 민중이 믿고 의지하였던 한국 고유의 토속신이다. 불교는 본래 산신을 숭배하는 종교가 아니지만 우리나라의 모든 절에는 산신각이 있고 절을 찾은 사람들은 그곳에서 소원을 빈다. 이런 산신숭배 사상은 다른 나라에서는 찾아볼 수 없는 한국불교의 독특한 현상이다.

한국은 국토의 7할 이상이 산으로 이루어진 나라로, 한국 사람들은 산에는 신이 있고 그 신이 보살펴준다고 생각해왔다. 그래서 산신을 모시는 집을 지어 소원을 빌었던 것이다. 불교는 이러한 산

성혈사 산신각

신을 수용하여 불교를 보호하는 호법신중護法神衆의 하나로 삼았
다. 그래서 화엄신중과 신중탱화 속에서도 산신을 만날 수 있다.

　산신은 한국의 전통 의상을 입은 노인의 모습이며 손에는 지팡
이를 들고 있다. 그는 권속으로 호
랑이와 동자를 거느리고 있다. 한
국 사람은 산신 앞에 나아가 향을
피우고 절을 하면서 가족들이 병
이 없길 바라며 부귀와 장수를 기
원한다. 산신각은 산신과 그 권속
을 상으로 봉안하거나 탱화로 모
신다. 지역에 따라 산신을 여성으

개심사 산신

갑사 삼성각

로 모시는 곳도 있다. 여자의 경우엔 인자한 할머니가 호랑이에 걸터앉거나 기댄 모습을 하고 있으며, 남자의 경우에는 삭발한 스님의 모습으로 『법화경』 등의 불경을 들거나 단주를 쥐고 있는 경우도 있다. 도교적 혹은 유교적인 산신의 경우에는 각기 다른 모습을 하고 있다. 산신을 독립된 건물에 모셨을 경우에는 산신각이라 하지만, 사찰에 따라서 독성과 칠성을 함께 봉안한 경우에는 세 명의 성자를 모신 집이라 하여 삼성각三聖閣이라고 부른다.

독성각

독성각獨聖閣은 나반존자를 모신 건물이다. 나반존자는 다른 나라의 불교 문헌에는 나타나지 않고 한국불교에서만 볼 수 있는 인물

신원사 독성각

이다. 나반존자는 남인도의 천태산에서 홀로 도를 닦고 있기 때문에 독성이라고 불리기도 하며, 그런 연유로 독성각을 천태각이라고도 한다. 그는 전생을 모두 알 수 있는 숙명통, 미래를 꿰뚫어볼 수 있는 천안통, 번뇌를 끊어서 현세의 고통에서 벗어난 누진통 등의 삼명三明을 이미 증득하고, 스스로도 이롭고 남들도 이롭게 하는 자리이타自利利他를 원만히 이룬 성자로 미륵불이 출현하기를 기다리며 이 세상에 머물고 있다고 한다. 그래서 그는 중생의 공양을 받을 만한 자격이 있고 중생들의 복을 자라게 하는 복밭(福田)이 되는 분이다.

나반존자는 16나한 중 한 분인 흰 머리와 흰 눈썹이 길게 나 있는 빈두로존자賓頭盧尊者로 생각된다. 그는 부처님의 명을 받아 열

신원사 나반존자

반에 들지 않고 이 세상에 머물며 중생제도의 염원을 품고 있는 대복전大福田의 아라한이다.

범종각

범종을 매달아 놓은 집을 범종각梵鐘閣이라 한다. 일반적으로 범종각은 2층으로 된 건물로 불이문과 일직선상에 있게 된다. 법당 쪽에서 바라볼 때 불이문은 왼쪽, 범종각은 오른쪽에 자리한다. 범종각에는 범종이 홀로 있기도 하지만 규모를 갖춘 사찰은 법고·목어·운판 등을 함께 모아놓고 있다. 이를 합하여 불전사물佛殿四物이라 부르는데, 한국의 대표적 민속음악인 사물놀이에서 연주되는 사물의 원형이기도 하다. 삼악도의 모든 중생들이 고통에서 빨리 벗어나기를 간절히 바라면서 아침저녁의 예불 때마다 절에서 울리

는 것이 바로 이 불전사물의 소리이다. 한국불교의 대자비심이 음
파가 되어 울려 퍼지는 곳이 바로 범종각이다.

개심사 범종각

조형물

III

1. 당간지주

당간지주幢竿支柱의 당간은 깃발을 매다는 장대를 의미한다. 따라서 당간지주란 깃발을 내걸기 위한 장대를 고정시키기 위해서 세운 한 쌍의 돌기둥을 말한다. 네모난 돌 받침대 위에 세워지며, 높이는 3미터 가량이 된다. 그 기둥의 중간 부위와 꼭대기에는 장대를 고정시키기 위한 2~3개의 구멍이 뚫려 있다. 당간지주는 한국의 절에서만 볼 수 있는 독특한 형태로 사찰의 입구에 세워진다. 여기에 설치되는 장대(幢竿)의 높이는 약 15미터 정도이다.원래 당간지주에 높은 당간을 꽂아 깃발을 휘날린 이유는 가람의 위치를 알려주고, 행사가 거행되는 것을 알리기 위해서였다. 건물의 높이가 낮았던 당시 높은 당간에 깃

법주사 당간지주와 당간

발을 달아 놓으면 누구든지 쉽게 사찰의 위치를 알 수 있기 때문이다. 고려 말 이후 점차 평지에서 산지로 가람이 이전되면서 당간의 역할이 줄어들어 점점 세워지지 않게 되었다.

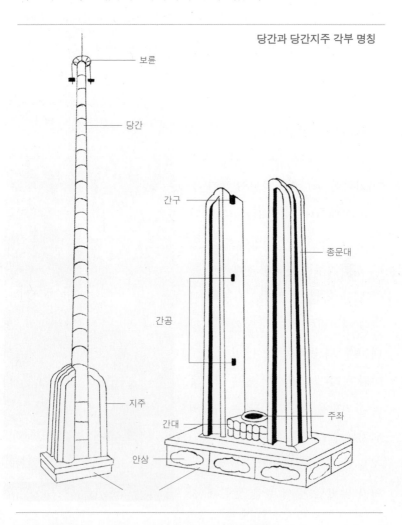

당간과 당간지주 각부 명칭

2. 탑

탑塔은 본래 부처님의 사리가 들어 있는 집을 가리킨다. 번뇌의 불
이 완전히 꺼진 열반의 집이다. 탑은 인도의 고대어 스투파stūpa의
음사인 탑파塔婆의 약칭으로 '뼈를 봉안하여 흙이나 돌로 쌓아 올
린 분묘'를 의미하였다.

탑의 조성은 부처님의 열반과 함께 시작되었다. 부처님의 장례
식에 참석했던 여덟 나라 대표들은 화장하고 남은 부처님의 뼈(사
리)를 여덟 몫으로 나누어 각각 자기 나라로 돌아가 그 사리를 봉
안하여 탑을 세웠다. 이것을 근본 8탑이라 부른다. 여기에 화장 직

정림사지 오층석탑

후 사리를 담아두었던 병을 넣어 탑(병탑)을 세우고, 화장 후 남아 있던 재를 모아 회탑灰塔을 세워 모두 열 개의 탑이 건립되었다. 탑의 수가 늘어난 것은 아쇼카왕(B.C. 268~232 재위)이 근본 8탑에 들어 있던 사리를 꺼내어 인도 전역에 팔만 사천 개의 탑을 건립하면서부터이다.

불자들은 사리가 영원한 진리의 몸인 부처님을 상징한다고 생각하였다. 그러면서 탑의 숭배를 진리의 숭배라고 여겼다. 불탑신앙이 시작된 것이다.

탑의 종류는 사용된 재료에 따라 벽돌탑(塼塔)·나무탑(木塔)·돌탑(石塔)으로 크게 나눌 수 있다. 우리나라에는 돌탑이 가장 흔하다. 질이 좋은 화강암을 쉽게 구할 수 있기 때문이다. 중국의 영향을 받아 처음에는 우리나라에서도 목탑과 벽돌탑(塼塔)이 세워졌었다.

신륵사 전탑

우리나라의 탑은 받침대 부분에 해당하는 기단부基壇部, 몸통에 해당하는 탑신부塔身部, 가장 윗부분을 구성하는 상륜부相輪部의 세 부분으로 나눌 수 있다. 탑신부는 목조 가옥의 기둥과 벽체에 해당하는 옥신屋身과

지붕에 해당하는 옥개屋蓋 두 부분으로 구성되어 있고, 탑의 최상
부인 상륜부의 중심에는 철골이 들어 있고 여러 가지 장식물로 치
장되어 있다.

탑의 각부 명칭

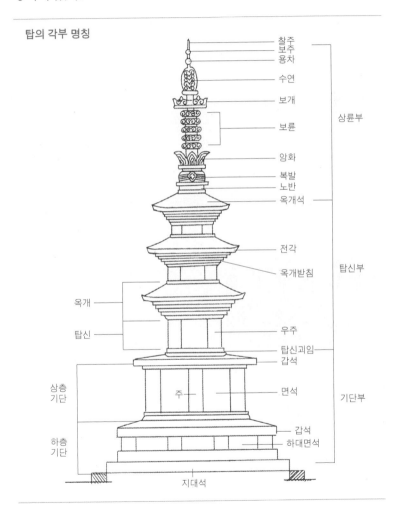

탑에는 십이지신상, 팔부중, 사천왕, 인왕 등의 신중들이 조각되어 있는데, 이들은 탑 속에 있는 부처님을 외호外護하는 역할을 맡고 있다. 십이지신상과 팔부중은 탑의 아래쪽인 하대석과 기단면석基壇面石에, 사천왕과 인왕은 탑의 위쪽인 옥신석에 조각되어 있다. 금강역사나 집금강신으로도 불리는 험악한 표정의 인왕은 주로 옥신석의 문짝(문비門扉)이나 감실龕室의 좌우에 새겨지며 문을 지키는 신장의 역할을 한다.

3. 석등

신륵사 석등

석등石燈은 돌로 만든 등불을 넣어두는 석조물이다. 석등은 부처님이 깨달은 진리의 빛으로 어둡고 깜깜한 중생의 마음에 있는 불성을 밝혀주는 법의 등을 상징한다. 석등의 기본형은 가장 밑 부분인 지대석에서 지붕돌인 옥개석에 이르도록 모두 8각형을 이룬다. 등불을 넣어두는 집이 되는 돌(火舍石)에는 불빛을 내보내는 창(火窓)이 4방에 뚫려 있고 꼭대기에는 보배구슬(寶珠)이 얹혀 있다. 8각은 팔정도八正道를, 4방의 화창은 사성제四聖諦를 상징한다.

대부분의 불교 조형물에 연꽃이 조각되어 있듯이 석등도 예외가 아니다. 가장 밑의 받침돌(하대석)에 있는 연꽃은 땅을 덮고 있는 모습을 하고 있다(覆蓮). 팔정도 수행에 의해서 세

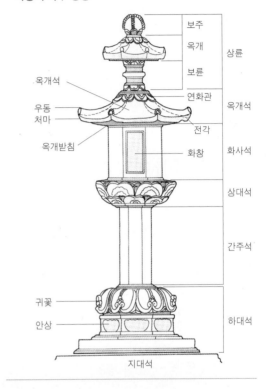

석등의 각부 명칭

보주
옥개
상륜
보륜
옥개석
연화관
우동
옥개석
처마
전각
옥개받침
화창
화사석
상대석
간주석
귀꽃
안상
하대석
지대석

속에 살면서도 그에 물들지 않음을 의미한다. 이 하대석은 8각의 기둥돌인 중대석에 의해 상대석과 연결된다. 상대석은 하늘을 향하여 핀 연꽃이 새겨져 있다(仰蓮). 그것은 바로 팔정도의 완성, 즉 진리의 체득과 완성으로 피안에 이르렀음을 의미한다. 그 연꽃 위에 등불이 머무는 8각형의 집이 있다. 불이 머무는 돌로 된 집이라 하여 화사석火舍石이라 부르다. 그 불은 팔정도 수행에 의해 얻어

진 진리의 불이다. 이 불은 바로 부처님과 동격이다. 그 진리의 불
을 사방으로 난 화창을 통하여 내보내는 것이다. 중생계를 밝혀주
기 위해서다. 바로 사방으로 난 창을 통하여 사성제의 진리, 불교
의 가르침을 토해내고 있는 것이다.

4. 괘불대

괘불대掛佛臺란 부처님을 그린 그림을 걸어두기 위한 돌기둥이다.
사람이 많이 모여서 대웅전이 비좁아 법당 밖에서 행사를 진행할 경

갑사 괘불대

우에 불상 대신 두루마리에 그린 부처(괘불)를 걸어두기 위한 구조물이다. 외형은 당간지주와 비슷한 형태지만 그에 비해 장식이 거의 없고, 크기도 작다. 당간지주가 절의 입구에 설치되는데 비해 괘불대는 보통 대웅전 앞마당에 설치되며 두 쌍으로 조성되어 있다.

5. 부도

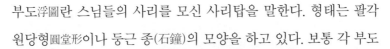

부도浮圖란 스님들의 사리를 모신 사리탑을 말한다. 형태는 팔각원당형圓堂形이나 둥근 종(石鐘)의 모양을 하고 있다. 보통 각 부도

내소사 부도전

에는 탑비가 세워져 있는데 그 비문에는 승려들의 개인적인 행적은 물론이고 다른 승려와의 교류와 절의 발자취 및 당시의 사회상 등이 새겨져 있어 귀중한 역사적인 자료가 된다.

부도의 각부 명칭

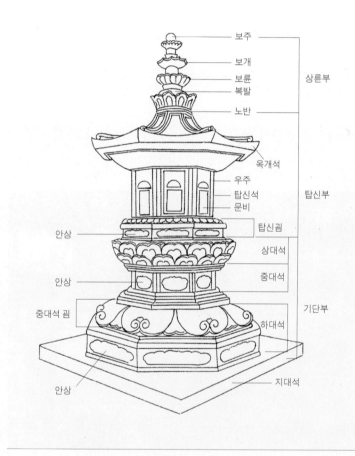

IV

사찰의 벽화

사찰벽화는 대개 그림의 주제를 나타내는 제목이 화폭마다 적혀 있어 그 내
용을 쉽게 이해할 수 있다. 대표적인 사찰벽화는 팔상도, 십우도, 달마도 등
이다.

1. 팔상도

팔상도八相圖란 석가모니부처님의 일생 가운데 중요한 장면을 8단계로 나누어 그린 그림이다. 사찰의 팔상전이나 영산전에 봉안하며, 다른 이름으로는 팔상정八相幀 혹은 팔상성도八相成道라고도 한다. 팔상을 설명하는 학설에는 이론異論이 다양하지만, 우리나라의 사찰에는 일반적으로 다음과 같은 팔상도를 봉안하고 있다.

첫 번째 그림은 도솔래의상兜率來儀相으로, 부처님이 도솔천 내원궁에 호명보살로 계시다가 이 땅에 태어나기 위하여 흰 코끼리를 타고 북인도의 카필라 왕궁을 향하고 있는 모습과 마야부인의 태에 들어가는 장면이 그려져 있다. 전생의 소구담小瞿曇 시절에 도둑의 누명을 쓰고 나무에 묶여 있는 장면과 마야부인의 꿈을 해몽하는 장면 등이 나온다.

두 번째 그림은 비람강생상毘藍降生相으로, 부처님의 탄생

통도사 팔상탱, 도솔래의상

비람강생상

사문유관상

장면이다. 마야摩耶부인이 산달을 맞아 친정으로 가던 도중 갑작스러운 산기로 룸비니 동산에서 아기를 분만하면서 벌어진 여러 모습들을 표현하고 있다. 부처가 어머니의 오른쪽 옆구리로 태어나는 장면, 용이 물을 뿜어 태자를 씻기는 장면, 천상천하유아독존天上天下唯我獨尊을 외치는 장면, 아시타 선인이 관상을 보는 장면 등이 묘사되어 있다. 이 날이 부처님 오신날로 음력 4월 초파일이다.

세 번째 그림은 사문유관상四門遊觀相으로, 부처님이 카필라 성의 4개의 성문 밖에 나가 동문에서는 노인, 남문에서는 병자, 서문에서는 죽은 사람, 북문에서 출가한 사문을 만나 출가를 결심하는

유성출가상

설산수도상

그림이다.

네 번째 그림은 유성출가상踰城出家相으로, 29세 되던 해에 사랑하는 처자와 태자의 지위를 버리고 왕궁의 성을 떠나는 모습이다. 술 취한 무희들과 시녀의 모습, 사람들이 잠들어 있는 모습, 마부 찬나가 돌아와 태자의 옷을 왕에게 바치는 모습 등이 그려져 있다. 이 날은 출가재일로 음력 2월 8일이다.

다섯 번째 그림은 설산수도상雪山修道相으로, 산속으로 들어가 6년 동안 겪은 갖은 고행을 그림으로 나타내고 있다. 태자가 머리를 자르자 제석천이 가사를 바치는 장면, 신하들이 귀향을 권하는 장

수하항마상

녹원전법상

면, 열심히 수행하는 장면, 수자타가 바치는 우유죽을 받아 마시는 장면 등이 그려져 있다.

여섯 번째 그림은 수하항마상樹下降魔相으로, 부처님이 마왕의 항복을 받고 깨닫는 장면을 묘사한 그림이다. 마군들이 수행과 성도를 방해하는 장면들과 부처님의 깨달음을 지신地神이 증명하는 항마촉지인降魔觸地印을 하고 있다. 이 날은 성도재일로 음력 12월 8일이다.

일곱 번째 그림은 녹원전법상鹿園轉法相으로, 깨달음을 얻은 직후 석가모니부처님이 그 깨달음을 전하기 위해 500리쯤 떨어진 녹

야원으로 찾아가 처음으로 5명의 수행자에게 설법하는 장면을 그린 그림이다. 수닷타 장자가 기원정사 터를 사기 위해 바닥에 금을 까는 모습, 아이들이 흙을 쌀로 생각하여 공양하자 부처님이 이를 탑으로 바꾸는 장면 등이 묘사되어 있다.

쌍림열반상

여덟 번째 그림은 쌍림열반상雙林涅槃相으로, 쿠시나가라에 있는 두 그루의 사라나무 아래서 열반에 드는 모습을 그린 그림이다. 가섭에게 두 발을 내밀어 보이는 모습, 화장 후 사리를 모으는 모습, 다비식 후 사리를 8등분하는 모습 등이 그려져 있다. 이 날은 열반재일로 음력 2월 15일이다.

2. 십우도

십우도十牛圖는 수행자가 본성을 찾는 과정을 동자童子나 스님이 소를 찾는 것에 비유해서 열 가지 장면으로 묘사한 선종화禪宗畵이다. 다른 이름으로는 소를 찾는다 하여 심우도尋牛圖, 소를 친다 하여 목우도牧牛圖라고도 부른다.

  십우도에서 소는 인간의 본성(깨달음)을, 동자나 스님은 수행자를 의미한다. 다시 말하면 소의 상징은 나의 진면목, 즉 참나 그 자체를 뜻한다. 각 장면에 대한 설명을 하면 다음과 같다.

1) 심우尋牛: 소를 찾아 나서다

동자승이 소를 찾고 있는 장면이다. 자신의 본성을 잊고 찾아 헤매는 것은 불도 수행의 입문 단계이다. 본성을 잃어버리고 오로지 욕망에 따라 살던 삶에서 참 자아의 모습을 되찾으려고 하는 장면이다. 소는 곧 나의 본마음을 말한다. 그러나 우선 중요한 것은 소를 잃어버렸다는 사실을 아는 것, 즉 우리가 자신을 잊어버린 채 살고 있다는 것을 자각하는 것이다.

2) 견적見跡: 소의 발자국을 발견하다

동자승이 소의 발자국을 발견하고 그
것을 따라간다. 꾸준히 수행을 하다
보면 본성의 발자취를 느끼기 시작한
다는 뜻이다. 욕망이 나의 주인이 아
니고 나의 본성인 참모습이 있다는 것
을 어렴풋이 짐작하게 된다. 첫 번째의 심우
의 단계에서는 욕망이 곧 우거진 숲이라 했는데, 견적의 단계에서
는 풀밭에서도 소 발자국을 찾아볼 수 있다.

3) 견우見牛: 소를 보다

동자가 저 멀리 있는 소를 발견한 것을
나타낸 그림이다. 동자승이 소의 뒷
모습이나 소의 꼬리를 발견한다. 소
를 보았다는 것은 본성을 흘깃 본 것
으로, 수행자가 오랜 노력과 공부 끝에
자기의 본성을 깨달을 날이 바로 눈앞에 다
가왔음을 상징한다.

4) 득우得牛: 소를 얻다

동자승이 드디어 소의 꼬리를 잡아 막 고삐를 건 모습이다. 수행자

가 자신의 마음에 있는 불성佛性을 꿰뚫어보는 견성의 단계에 이르렀음을 뜻한다. 본성을 보았으나 아직 본성을 따라갈 수 있는 힘과 깨달음이 부족한 상태로 본성에 대한 확신을 갖는 단계이다.

나 자신의 내부로 들어가는 것, 그것이 곧 소를 찾는 길이었다. 땅속에서 아직 제련되지 않는 금광석을 막 찾아낸 것에 비유할 수 있다. 이때의 소의 모습을 검은색으로 표현하는데, 이는 아직 탐진치 삼독三毒에 물들어 있는 마음을 나타낸다.

5) 목우牧友: 소를 기르고 길들이다

동자승이 코뚜레를 뚫어 소를 길들이며 끌고 가는 모습이다. 본성을 따라 움직여야 하는 고삐가 더 이상 불편하지 않다. 얻은 본성

을 고행과 수행으로 길들여서 삼독의 때를 지우는 단계로 소가 점점 흰색으로 변하게 된다. 본성의 고삐를 당기며 스스로 욕망에 빠졌음을 알고 빠져나온다.

하지만 아직도 오랫동안 쌓아온 습관으로 제멋대로 움직이려는 마음을 수행

을 통해 길들여 나가야 한다는 뜻에서 채찍은 각성을 의미한다. 그리고 고삐는 내면의 수양을 뜻한다. 각성과 수양은 정진하는 이에게 가장 기본적인 것이다. 소를 길들인다는 의미로 목우라는 이름을 붙인 것이다.

6) 기우귀가騎牛歸家: 소를 타고 집으로 돌아가다

숲길 사이로 피리를 불며 흰 소에 올라 탄 동자승이 집(本性)으로 돌아가고 있다. 드디어 망상에서 벗어나 본성의 자리에 들었음을 비유한 그림이다. 주인이 소 위에 앉아 피리만 불어도 소가 알아서 간다. 몸을 완전히 길들여 욕망을 조절할 수 있고 법을 체득하여 즐기는 단계에 접어들었다. 더 이상 아무런 장애가 없는 자유로운 무애의 단계로 더할 나위 없이 즐겁다.

기우귀가는 이렇게 소와 사람이 하나가 되어 본가(本家, 본래의 성품)로 돌아가는 모습을 그린 것이다. 고향집은 나 자신이 비롯된 근원을 말한다. 고향집에 이르렀음은 현상적인 삶과 나 자신의 근원(本覺無爲)이 서로 만난다는 뜻이다.

7) 망우재인忘牛在人: 집으로 돌아와 소를 잊어버리다

소는 없고 동자승만 앉아 있다. 소는 단지 방편일 뿐 고향(본성)에 돌아온 후에는 모두 잊어야 한다. 본성 자체가 나타나 마음의 광명이 비치는 단계이다. 본래의 자기 마음을 찾아 이제 나와 하나가 되었으니 굳이 본성에 집착할 필요가 없는 것이다.

8) 인우구망人牛俱忘: 사람도 소도 다 잊다

소도 사람도 모두 실체가 없는 공空한 것임을 깨닫는다는 뜻으로 텅 빈 원상만 그려져 있다. 객관적인 소를 잊었으면 이번에는 주관

적인 자신 또한 성립되지 않는다는 원리를 깨달은 상태이다. 이제 본성에도 집착하지 않고 나를 모두 비웠으니 자타가 다르지 않고, 내외가 다르지 않아 전부가 오직 공空이라는 뜻이다. 주객의 구별이 없는 일체불이一切不二의 절대적 평등의 경지를 나타낸다.

9) 반본환원返本還源: 본래의 맑고도 깨끗한 근원으로 돌아가다

강은 잔잔히 흐르고 꽃은 붉게 피어 있는
산수풍경이 그려져 있다. 있는 그대로
의 세계를 깨닫는다는 것으로, 이는
우주를 아무런 번뇌 없이 있는 그대
로 바라보는 것을 뜻한다.

본심은 본래 청정하여 아무 번뇌가
없어 산은 산, 물은 물로 있는 그대로를 볼
수 있는 참된 지혜를 얻었음을 비유한 것이다.

본래의 자신의 모습을 되찾게 된다. 내 삶의 참 가치를 실현할
나의 길을 걷게 된다. 천지만물의 본래면목을 알고 나아가야 할 바
를 알기에 큰 사랑으로 큰 공덕을 쌓는다.

이 단계에 이르러야 비로소 견성見性을 했다고 한다. 즉 견성은
더 나아갈 수 없는 궁극의 경지이며, 부처의 경지이다.

10) 입전수수入廛垂手: 세속으로 들어가 중생들을 제도한다

저자에 들어가 중생을 돕는 것으로,
지팡이에 도포를 두른 행각승의 모
습이나 목동이 포대화상布袋和尙과 마
주한 모습으로 그려진다. 육도 중생이

사는 골목에 들어가 손을 드리우니 중생제도를 위해 속세로 나아
감을 뜻한다. 이 세상을 본성과 화합하여 지상낙원을 이루고자 한
다. 세상을 구원할 수 있는 큰 지혜가 열리는 단계이다. 이때 큰 포
대는 중생들에게 베풀어 줄 복과 덕을 담은 포대로 불교의 궁극적
인 뜻이 중생제도에 있음을 상징한다. 즉 이타행利他行의 경지에
들어 중생제도에 나선 것을 비유한 것이다.

3. 달마도

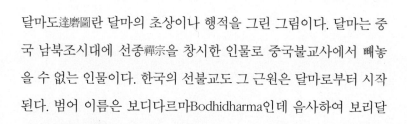

달마도達磨圖란 달마의 초상이나 행적을 그린 그림이다. 달마는 중
국 남북조시대에 선종禪宗을 창시한 인물로 중국불교사에서 빼놓
을 수 없는 인물이다. 한국의 선불교도 그 근원은 달마로부터 시작
된다. 범어 이름은 보디다르마Bodhidharma인데 음사하여 보리달
마菩提達磨, 줄여서 달마라고 한다.

  달마는 남인도(일설에는 페르시아) 향지국香至國의 셋째 왕자로
일찍이 출가하여 반야다라에게 불법을 배운 후 520년경 중국에 들
어왔다. 그 당시 중국 양나라의 왕인 무제는 많은 절을 짓고 승려
를 양성하는 등 불교발전을 위해 노력하였다. 달마가 중국에 왔다
는 소식을 접한 왕은 자기의 공덕이 자랑스러운 나머지 달마를 불

러 그 공덕이 얼마나 큰지 물었다. 그때 달마는 공덕이 조금도 없다고 대답했다. 남의 칭송이나 바라고 하는 일은 아무 공덕이 없다는 것을 깨우쳐주기 위해서였다. 그 후 소림사에서 9년 면벽을 하고 제자들에게 법을 전하였다. 그의 죽음에는 다양한 설이 있다.

김명국

그를 시기한 기존 승단의 기득권 계층이 독살했다는 설, 달마의 대답을 괘씸하게 생각한 무제가 그를 암살하였다는 설 등이다.

아무튼, 입적 후 몇 년이 지나 송운이라는 사람이 서역에 사자로 갔다 돌아오던 중 총령에서 달마를 만났는데 짚신 한 짝을 지팡이에 매단 채 맨발로 걷고 있었다. 그 사실을 왕에게 아뢰니 왕이 이를 확인하도록 명령하였다. 관을 열어보니 시체는 찾을 수 없었고 짚신 한 짝만 남아 있더라는 것이다. 왕이 군대를 동원하여 달마를 뒤쫓았으나 양자강 가에 있던 달마는 순식간에 몸을 날려 갈대를 꺾어 그것을 타고 강을 건너갔다 한다.

그러한 내용을 소재로 하여 달마도는 달마가 강을 건너는 장면이나 그의 상반신이 그려진 초상화가 대부분이다. 달마도는 예배의 대상은 아니다. 그래서 불화라고 부르지는 않는다.

V

1. 불전사물

불전사물佛殿四物이란 절에서 예불 때마다 치는 네 가지 불구佛具를 말하는데 범종, 법고, 목어, 운판이 그것이다. 불전사물은 원래 선종에서 때를 알리거나 대중을 모으기 위한 신호용으로 쓰였으나 지금은 사찰에서 가장 중요한 의식도구로 자리 잡고 있다.

1) 범종

절에서 사용하는 큰 종을 범종梵鐘이라 하는데 범梵은 청정을 의미한다. 아침저녁으로 예불을 시작하기 전에 범종을 치는 것은, 그 종소리가 부처님의 법음이 되어 우주에 있는 모든 중생들의 영혼을 제도하고 지옥에 있는 중생들을 고통에서 벗어나게 한다는 상징적 의미를 지니기 때문이다. 물론 대중을 모으거나 때를 알리기 위한 신호로 범종을 치기도 한다.

한국의 범종은 불교의 금속공예품 가운데 으뜸가는 예술품이다. 한국의 범종은 '한국종'이라는 독립된 학명으로 불릴 만큼 독자적인 양식을 지니고 있다. 한국종은 우아하고 안정된 외형을 지니고 있을 뿐만 아니라 그 소리도 매우 은은하고 맑다.

우선 그 특징을 보면, 먼저 종의 제일 윗부분(종정부鐘頂部)에 있는 대가리가 하나인 용(단두룡單頭龍)과 원통圓筒을 들 수 있다. 중

국이나 일본의 범종은 대가리가 둘인 용(쌍두룡雙頭龍)이지만 한국의 경우는 한 마리의 용이 생동감 있는 자세로 허리를 구부리고 있다. 이 용은 종을 매달기 위한 고리의 역할을 한다. 이것을 용 모양의 고리라 하여 용뉴龍鈕라고 부른다. 더욱 특이한 것은 대나무 형태의 원통이다. 원통은 음관音管의 역할을 하여 종소리를 맑게 해준다고 한다.

범종의 각부 명칭

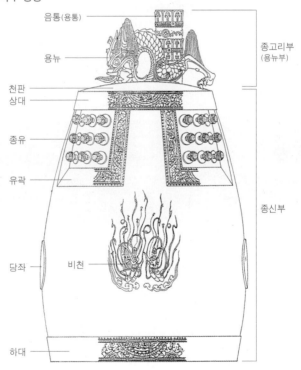

음통(용통)
용뉴
천판
상대
종유
유곽
당좌
비천
하대

종고리부
(용뉴부)

종신부

종의 몸통이 되는 위쪽 1/3 부분의 네 곳에 대칭으로 네모꼴의
유곽乳廓이 있으며, 유곽 안에는 각각 9개의 도독한 꼭지가 있는데
마치 젖꼭지같다고 하여 유두乳頭라고 한다. 이 유곽과 유두도 한
국종의 두드러진 특징으로 종의 소리와 여운에 크게 영향을 미친
다. 종의 몸통(종신鐘身)에는 종을 치기 위한 당좌撞座가 구획되어
있고, 당좌 부분의 옆에는 같은 높이에 수평으로 잘 다듬은 통나무
(당목撞木)를 매달아 그 당목으로 종을 친다. 종이 매달려 있는 아
랫부분에는 땅을 움푹하게 파내고 그 속에 빈 항아리를 넣어 만든
울림구덩이(명동鳴洞)가 있다.

2) 법고

법고法鼓는 '법을 전해주는 북'이라는 뜻이다. 법고를 치는 것은 부처님이 말씀하신 진리, 즉 불법佛法을 널리 전하여 중생들에게 번뇌를 물리쳐 해탈을 이루게 하려는 목적에서다. 법고의 소리는 축생을 비롯한 땅위에 사는 모든 중생들이 어리석음을 깨우쳐 빨리 고통에서 벗어나라는 간절한 소망의 소리이다.

3) 운판

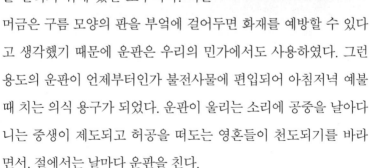

운판雲板은 청동이나 쇠를 구름의 형상으로 만든 금속판이다. 운판은 본래 중국 선종의 사찰에서 부엌이나 재당에 매달아 놓고 끼니때를 알리기 위해 쳤던 도구이다. 비를 머금은 구름 모양의 판을 부엌에 걸어두면 화재를 예방할 수 있다고 생각했기 때문에 운판은 우리의 민가에서도 사용하였다. 그런 용도의 운판이 언제부터인가 불전사물에 편입되어 아침저녁 예불 때 치는 의식 용구가 되었다. 운판이 울리는 소리에 공중을 날아다니는 중생이 제도되고 허공을 떠도는 영혼들이 천도되기를 바라면서, 절에서는 날마다 운판을 친다.

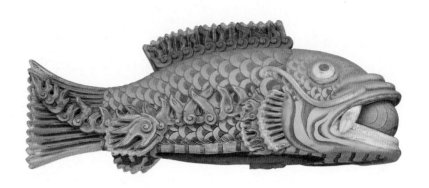

4) 목어

목어木魚는 절에서 불공과 예불을 할 때, 또는 식사와 공사公事 때 가장 많이 사용되는 의식 용구이다. 목어란 나무로 만든 물고기의 배 부분을 파내어 안쪽에서 양 벽을 두드려 소리를 내는 도구로 타악기의 일종이다. 물고기는 잠을 잘 때도 눈을 감지 않는다 하여 수행자에게 잠을 자지 말고 열심히 수행하라는 의미에서 목어를 만들었다고 한다. 처음에는 끼니때를 알릴 목적으로 목어가 사용되었으나, 나중에는 독경이나 의식에 쓰이는 법구로 바뀌어 불전 사물에 편입되었다. 목어에는 다음과 같은 재미있는 전설이 있다.

옛날 어느 절에 덕 높은 스님이 제자 몇 사람을 가르치며 살았다. 다른 제자들은 스승의 가르침을 열심히 배우고 따랐지만, 유독 한 제자만은 계율을 어기며 스승이 시키는 일을 반대로 행하였다. 결국 그 제자는 나쁜 병에 걸려 시름시름 앓다가 죽고 나서 물고기로 태어났는데, 평소에 못된 짓만을 골라 했던 과보로 등에 커다란 나무가 솟아나서 풍랑이 칠 때마다 등에서 피가 나는 고통을 당하고 있었다.

하루는 스승이 배를 타고 바다를 건너고 있었는데, 이상하게 생긴 고기가 뱃전에 나타나서 눈물을 뚝뚝 흘렸다. 스승이 선정에 들어서 그 물고기의 전생을 살펴보니, 옛날에 말을 안 듣던 바로 그 제자였다. 그는 가엾은 마음에 그 물고기의 영혼을 천도해주는 수륙재를 크게 베풀어서 물고기의 몸을 벗어나도록 해주었다.

그날 밤 그 제자가 스승의 꿈에 나타나 고맙다고 큰절을 한 후 부탁하기를 "스승님, 제 등에 난 나무를 베어서 물고기 모양으로 목어를 만들어서 저와 같이 어리석은 사람들을 경책해 주시옵소서!"라고 하였다. 그래서 스승은 제자의 부탁대로 커다란 목어를 만들었다.

본래 목어는 두드려 나는 소리에 잠이나 혼침惛沈을 쫓고 수행을 열심히 하라는 목적으로 사용되었으나, 현재 불전사물로 치는 목어는 물속에 사는 중생들을 제도하기 위해서 소리를 낸다. 세월이 흐르면서 목어의 형태도 변화되어 몸은 물고기지만 머리는 용의 모습을 하고 있는 것도 있다. 이는 물고기라는 중생이 용이라는 깨달음을 얻는 것을 뜻한다. 언뜻 보기에는 모양이 다른 것 같지만 목탁도 바로 이 목어가 변형된 것이다.

2. 염주

염주念珠는 '생각하는 구슬'이란 뜻인데, 부처님 당시부터 사용되었던 법구이다. 염주는 염불을 하거나 진언을 외울 때, 혹은 절을 할 때 횟수를 헤아리는 데 사용된다. 그래서 수주數珠라고도 부른다. 또한 염주는 마귀를 물러나게 하고 악한 자에게는 저절로 착한 마음이 생기게 한다고 한다. 그러므로 염주는 가지고 있는 것만으로도 큰 공덕이 있다고 한다.

『불설목환자경』에 "만약 번뇌와 업보를 없애려면 목환자로 108 염주를 만들어 항상 몸에 지니고 지성으로 불법승 삼보의 이름을 부르면서 염주 알을 20만 번 돌리면 산란한 마음이 없어지고, 백만 번에 이르면 108번뇌가 끊어져 해탈한다"라고 염주의 공덕에 대해서 말하고 있다. 염주를 굴리면 다음과 같은 효능이 있다고 한다.

① 염주를 굴릴 때마다 번뇌가 끊어진다.

② 죄업이 소멸되고 부처님의 광명이 충만해진다.

③ 인간과 자연과 모든 중생이 염주의 줄처럼 하나가 된다는 합일의 의미가 담겨 있다.

염주의 재료로는 목환자나무나 향나무, 보리수 열매나 율무의 씨, 그리고 수정·진주·산호 등의 보석이 사용된다. 사용 방법은 염주를 오른손에 들고 불보살의 명호를 부르거나 예배할 때마다

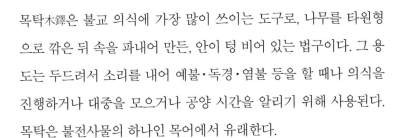

매번 엄지손가락을 이용하여 한 알씩 돌린다.

염주 알의 수는 108개가 기본이고, 이것의 10배 인 1,080개 혹은 108의 약수인 54, 36, 27, 18, 9개로 되어 있다. 108개를 염주 알의 기본 숫자로 하는 이유는 108번뇌에 근거하고 있다. 이 외에도 1,000주나 3,000주가 있고, 합장주라 하여 손목에 걸고 다니는 짧은 염주(短珠)도 있다.

일반적으로 염주에는 모주母珠라고 부르는, 다른 것보다 큰 염주 알 하나를 꿰어두는데 그 알에는 부처님이나 보살상을 모시고 있다. 염주를 목에 걸 때는 모주가 목뒤로 오게 하고 벽에 걸때에는 위로 오게 해야 한다. 처음에 모주에서 시작하여 염주를 돌리면 사용하기에 편리하다.

3. 목탁

목탁木鐸은 불교 의식에 가장 많이 쓰이는 도구로, 나무를 타원형으로 깎은 뒤 속을 파내어 만든, 안이 텅 비어 있는 법구이다. 그 용도는 두드려서 소리를 내어 예불·독경·염불 등을 할 때나 의식을 진행하거나 대중을 모으거나 공양 시간을 알리기 위해 사용된다. 목탁은 불전사물의 하나인 목어에서 유래한다.

그러므로 '목탁' 역시 물고기의 형상을 취하고 있다. 다만 원래의 물고기 모습을 유지하고 있는 '목어'와는 달리 목탁은 길이가 짧아져 둥근 모양으로 보인다. 손잡이가 달려 있는 우리나라의 목탁은 앞부분의 긴 입과 그 옆에 둥근 두 눈이 고기 형상을 나타낼 뿐 물고기의 모양과는 많은 차이가 있다. 이처럼 목탁의 형태는 세월이 지나면서 고기 모습이 점차 사라져 요즘의 둥근 모양으로 변형되었다.

목탁은 재목은 대추나무로 만든 것이 좋지만 구하기가 힘들어 박달나무, 은행나무, 괴목 등이 많이 사용된다. 목탁의 종류에는 손잡이가 있는 것과 없는 것이 있는데 중국이나 일본의 경우는 손잡이가 없는 큰 목탁을 포단 위에 얹어 놓고 치지만, 우리나라의 목탁은 손잡이가 있어 들고 칠 수 있고 크기도 다양하다.

목탁의 소리는 약속에 의한 신호이기 때문에 일정한 법도에 맞추어 두드려야 한다. 보통 길게 한 번을 치되 처음에는 소리를 크게 했다가 차츰 줄이면서 치면 공양 준비가 완료되었음을 알리는 신호이고, 두 번을 길게 치면 논밭을 갈거나 공동의 작업을 위해 모이라는 뜻이며, 세 번을 길게 치면 학습이나 입선入禪 시간이 되었음을

목탁

알리는 신호이다.

그밖에도 새벽에 절 경내를 두루 다니면서 뭇 생명을 잠에서 깨게 하고 청정함을 깃들게 하는 도량석이나 새벽예불 때에는 어둠이 가고 광명이 오는 것을 상징하여 처음에는 작은 소리에서 시작하여 차츰 크게 두드리며, 반대로 해질 무렵이 되면 점차 어둠이 깃드는 것을 상징하여 처음에는 세게 치다가 점점 여리게 친다. 목탁은 불보살의 명호를 외우면서 기도할 때도 필수적이다. 그리고 범패 의식 때에도 가락을 맞추는 데 사용된다.

4. 죽비

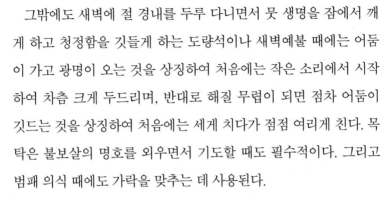

죽비竹篦는 선가에서 참선 수행을 지도할 때 사용하는 도구이다. 참선 중 심신이 흐트러질 경우 정신을 일깨우기 위해 사용하는 도구로 죽비자라고도 부른다. 길이가 약 40~50㎝ 되는 대나무를 전체 길이의 3분의 2쯤 되는 곳까지 가운데를 타서 두 쪽으로 갈라지게 하고, 가르지 않은 쪽은 자루로 사용한다. 그 기원은 정확하지 않으나 중국의 선림禪林에서 유래된 것으로 추정된다.

죽비는 자루를 오른손에 쥐고, 갈라진 부분을 왼손바닥에 쳐서 소리를 내는데 참선의 시작(입선入禪)과 끝(방선放禪)을 알리기 위해 사용되는 것은 물론이고 예불, 입정, 참회, 공양, 청법에 이르기까지 대중의 행동 통일에도 사용된다.

수행자의 졸음이나 자세 등을 지도하기 위해 사용하는 약 2m 정도의 큰 죽비가 있는데 이를 장군죽비라 한다. 경책사警策師가 이것으로 어깨 부분을 쳐서 소리를 내어 경책하는 데 사용한다. 죽비의 쓰임새 때문에 "따끔한 가르침" 혹은 질타를 요하는 일을 빗대어 죽비라고 표현하기도 한다.

5. 금강령(요령)

금강령金剛鈴은 손잡이 끝부분에 금강저 모양의 장식이 달려 있는 방울(요령)을 말한다. 재료는 금속을 사용하며 청동 제품이 대부분이다. 밀교의식에 필수적인 법구로 금강저와 함께 사용된다. 종신鐘身에 추가 달려 있고 손잡이 부분을 흔들어서 소리를 낸다. 금강령은 작은 종신에 비하여 청아한 고음의 소리가 난다. 종의 몸통과 손잡이에는 여러 가지 문양을 볼 수 있는데, 종신 부분에는 용 또는 불상·사천왕 등을

조각하기도 한다. 금강령을 흔들어 소리를 내는 이유는, 중생들로
하여금 모든 불보살에 대한 경각심을 환기하게 하고 최상승의 가
르침이 일체중생의 마음속에 편입되기를 기원하기 때문이다.

금강령의 명칭은 자루 위에 달린 갈고리의 형태와 그 수에 따라
독고령, 삼고령, 오고령, 구고령 또는 보주령, 탑령 등으로 부른다.
우리나라에서 볼 수 있는 금강령은 대개 삼고령과 오고령이다.

6. 금강저

금강저金剛杵는 범어 바즈라vajra의 번역어로 밀교 의식용 법구이
다. 여래의 지혜가 금강과 같이 견고함을 나타내는 금강저는 중생
들의 누적된 악업과 번뇌 망상에 대적하기 위하여 반드시 지녀야
할 도구이다.

금강저의 모양은 삼지창 혹은 피뢰침과 비슷하지만 끝이 안으로
오므라져 있다. 도상으로는 제석천과 불법을 옹호하는 천신인 금
강밀적의 소지물(三昧耶形)로 나타나며 불단이나 변상도의 장엄문
양으로도 그려진다. 여기서 밀적密迹이란 말은 항상 부처님을 모시
고 그의 비밀스런 사적을 기억한다는 의미이다.

인도의 전설에 따르면, 우주 최고의 신인 인드라 신은 천둥과 번

금강저

개를 무기로 사용하여 그의 적과 악의 화신들을 죽였다 한다. 그때 사용했던 천둥 번개가 바로 바즈라이다. 인도인들이 상상력을 동원하여 그 신화를 형상화시킨 것이 바로 금강저이다.

불교설화에서는 석가모니부처님이 인드라로부터 바즈라를 빼앗아 그를 복종시키고 끝을 오므려서 평화로운 부처의 권력을 상징하는 지팡이(권장權杖)로 만들었다고 한다. 그 후로 금강저는 번뇌와 장애물을 물리칠 수 있는 도구를 상징하게 되었다. 금강저는 또한 마구니와 외도를 굴복시키는 권능이 있다고 한다.

7. 경쇠

경쇠磬釗는 사찰에서 아침저녁 예불에 사용하는 법구이다. 요즈음 일반사찰에서는 흔히 목탁을 사용하지만 전통의식을 거행하는 사찰에서는 경쇠를 사용한다. 경쇠의 크기나 모양은 사찰에 따라 서

경쇠

로 다르나, 대체로 놋주발을 엎어 놓은 모양의 작은 종에 손잡이를 달아 놓은 형태를 취한다. 손잡이를 왼손에 잡고, 사슴뿔로 만든 채를 오른손에 쥐고 쳐서 소리를 낸다.

　경쇠의 소리는 청아하고 여운이 길어 예불을 모시는 사람들의 마음을 더욱 숙연하게 만든다. 사슴뿔은 뿔갈이를 할 때 저절로 떨어진 것을 사용하며, 경쇠에 사슴뿔을 사용하는 것은 사슴이 위계질서가 뚜렷하고 서로 공경하는 마음이 있다 하여 사찰에서도 그 내용을 차용한 것이라고 한다.

불교의 상징물

VI

1. 불교도형

1) 卍자 문양

우리는 흔히 卍이라는 문양을 한자 만卍으로 알거나 불교의 상징
도형으로 알고 있다. 그런데 그 유래를 보면 본래 卍은 그와 아무
런 관계가 없었다. 卍은 범어로 스바스티카svastika라 하는데 고대
인도를 비롯하여 그리스, 인도네시아, 멕시코 등의 장식미술에서
볼 수 있고 바라문교와 자이나교에서도 사용하고 있는 도형이다.
卍은 선善을 상징하였고 선의 예언, 불행의 예방, 행복의 염원 등을
상징하는 문양이었다. 다시 말하면 卍은 호신적인 부적의 기호로

사찰 입구의 다리를 장식한 만자 문양

서 여러 민족에서 널리 사용해온 문양이다.

이 무늬가 중국에 전해진 후 만卍자라는 한자로 사용된 것은 당나라 측천무후 때부터이다. 따라서 卍 무늬가 요즈음에는 한자의 만卍자처럼 대부분 왼쪽으로 도는 모양이지만, 예전에는 오른쪽으로 도는 모양이 더 많았다고 한다. 이 무늬가 불교에서 받아들여진 후에는 부처님이 지닌 성덕聖德과 길상吉祥, 그리고 행복의 상징으로 사용되고 있다. 만卍자를 뜻으로 풀이하여 길상해운吉祥海雲, 길상희선吉祥喜旋이라고 한다. 상서로운 조짐과 행운을 뜻하며, 한자로는 만복을 상징하는 만萬 또는 만万과 동일한 의미로도 쓰이고 있다.

만卍자에 대한 불교의 경전적 근거를 보면 "여래의 가슴에는 훌륭한 분의 특징인 만卍자 모양이 있다. 이것을 길상해운이라고 부른다. 조화가 자재로운 '마니보주'로 장엄되어 온갖 아름다운 빛깔을 내고, 갖가지 광염光焰을 둥글게 뿜어내면서 온 누리를 가득 채운다. 그리고 묘음을 내어서 온통 세계를 진리의 바다처럼 넘실거리게 한다"라고 기록하고 있다(『화엄경』 48권). 또 『수행본기경』에서도 부처님이 보리수 아래서 수행할 때 길상초를 깔고 앉았는데, 그 풀잎의 모양이 卍이었다고 한다. 卍자를 팔길상인八吉祥印의 하나로 여겨왔던 대승불교 시대에는 부처님의 머리·가슴·손·발 등과 범종과 같은 장엄물에 즐겨 새겨왔다. 또 깃발과 난간, 그리고 창문에도 卍자를 새기며, 그 속에 가없는 신심과 구법의 의지를 담

전각에 그려진 만자 문양

왔다.

그런데 남방불교권의 사찰이나 불교용구에서는 卍자 모양을 찾아보기 힘들며, 대신 둥근 법륜을 불교의 상징 도형으로 사용하고 있다. 다시 말해 卍자는 중국과 우리나라를 중심으로 한 대승불교권에서 애용되는 불교의 상징문양이다.

2) 원이삼점

원이삼점圓伊三點은 큰 원 안에 둥근 점 세 개를 정삼각형 모양으로 그린 도형으로 보통 사찰의 지붕 합각에 그려져 있다. 이를 이자삼점伊字三點이라고도 하는데 실담문자의 이伊자와 모양이 같아 이런 이름이 붙여진 것이다. 이 원이삼점은 불교에 수용되어 큰 원은 우주법계를, 작은 세 개의 원은 열반삼덕인 법신法身·반야般若·해

원이삼점

탈解脫을 상징한다(『남본열반경』 2권 「애탄품」). 법신은 일체 존재가 갖추고 있는 진여를 의미하거나 혹은 공덕으로 법을 완성한 몸을, 반야는 깨달음으로 이끄는 지혜를, 해탈은 번뇌로 인한 속박을 벗어난 것을 말한다(『대승의장』 18권). 또 다른 논서에서는 원이삼점이 불·법·승 삼보를 의미한다고 하고, 법신·보신·화신의 삼신불을 상징한다고 해석하기도 한다.

3) 법륜

법륜法輪이란 범어 다르마-차크라Dharma-cakra의 역어로서 다르마는 법法을 뜻하고, 차크라는 수레바퀴(輪) 또는 원반형의 무기를 의미한다. 고대 인도에서는 수레바퀴 모양의 무기를 윤보輪寶라 하였다. 윤보를 사용하여 전륜성왕이 천하를 통일하는 것과 같이, 부

 법륜

처님은 법의 수레바퀴(법륜)를 돌려 삼계三
界를 구제한다는 것이다.

부처님은 교법의 수레바퀴를 굴려 중생
의 모든 번뇌를 굴복시키므로, 이에 비유하
여 부처님이 법을 설법하는 것을 전법륜轉法輪
이라 한다, 특히 성도 후 최초의 설법을 초전법륜初轉法輪이라고 하
는데, 이것도 부처님이 가르침을 펴는 것을 바퀴가 굴러가는 것에
비유한 것이다.

이처럼 법륜은 불상이 출현하기 이전부터 널리 사용되어온 불
교의 대표적 상징도형으로 불법이나 부처님의 형상을 의미하였다.
오래된 조각에서는 부처님이 자리해야 할 위치에 바퀴 모양(또는
성수 등)의 도형이 새겨져 있는데, 이것이 바로 부처님을 상징적으
로 표현한 법륜이다.

4) 불교기

 불교 행사에서 불상을 모시거나 괘
불을 내걸지 못할 경우엔 불교기
佛敎旗를 게양한다. 불교기가 탄생
한 것은 불교의 유구함에 비하면
짧은 역사를 지니고 있다. 불교기가 처음 고안된 것은, 스리랑카
의 독립운동을 도우며 불교와 전통문화 부흥운동의 선구자로 활

동하던 영국 출신의 미국인 올코트 대위(colonel Henry Stell Olcott, 1832~1907)에 의해서였다. 그는 불교신자협회를 창립하고 불교부흥운동을 돕던 중 1882년에 처음으로 불교기를 고안하였다.

그는 부처님이 성도할 당시 몸에서 5색의 광명이 나왔다는 사실에 착안하여 일면오색기一面五色旗를 제작하여 불교기로 사용할 것을 제안하였다. 그 후 1950년 스리랑카에서 발족된 세계불교도우의회에서 그 기를 불교기로 승인하였고, 이어 1952년 일본에서 열린 세계불교도우의회에서 공식깃발로 사용하면서 모든 나라에서 불교기로 채택하였다. 한국에서 불교기가 공인된 것은 1966년 8월 11일에 열린 대한불교조계종의 제13회 임시중앙종회이다.

불교기는 가로와 세로의 비율이 3:2이며, 바탕은 파랑·노랑·빨강·하양·주황의 다섯 가지 색으로 되어 있다. 불교기의 다섯 가지의 색깔은 부처님의 상호를 나타내는데, 옆으로 그은 선은 부처님의 가르침을, 아래로 내려 그은 선은 부처님의 가르침이 영원히 변함없다는 것을 뜻한다.

청색은 부처님의 머리카락 색에서 비롯된 것으로 마음이 흐트러지지 않고 불법을 구하려는 노력(정근精勤)을, 황색은 부처의 몸빛과 같이 변하지 않는 굳건한 마음을, 적색은 열정적으로 수행에 힘쓰는 정진精進을 표현하고 있다. 또 백색은 깨끗한 마음으로 온갖 번뇌를 없앤 해탈 열반의 청정淸淨을, 주황색은 부처의 가사 색으로 인욕을 상징한다.

2. 동식물

1) 연꽃

기독교 장로인 김영삼 대통령의 문민정부 시절에 경복궁 연못에 있던 연을 다 뽑아낸 적이 있었다. 그 이유는 연꽃의 상징성 때문이었다. 연꽃은 불교의 대표적인 상징물로 여래와 보살은 물론이고 신중神衆의 지물 중에서도 가장 흔히 볼 수 있다. 그만큼 연꽃은 불교의 상징성이 강한 꽃이다. 연꽃이 불교의 대표적 상징물로 자리 잡게 된 데는 몇 가지 이유가 있다.

첫째로 연은 흙탕물 속에 살고 있으면서도 더러움에 물들지 않고 오히려 그 물을 정화시킨다. 이것은 불자가 세속에 살면서도 세상의 더러움에 물들지 않고 오직 부처님의 가르침을 받들어 아름다운 신행을 꽃피워야 하는 것과 같다.

둘째로 연은 꽃이 피면서 열매가 동시에 맺는다. 꽃과 열매의 관계는 인과의 관계를 나타내며 인과의 도리는 곧 부처님의 가르침과 일치하는 것이다.

셋째로 연꽃은 줄기가 부드럽고 유연하여 웬만한 바람이나 충격에 꺾이지 않는다. 이와 같이 유연하고 융통성이 있으면서 자기를 지키고 사는 것은 불교가 지향하는 인간관이다. 바로 부처님 마음 같은 삶을 연꽃 줄기는 보여주고 있는 것이다.

또 선禪의 기원을 설명하는 유명한 이야기에서도 연꽃이 등장한다. 영산에서 범왕梵王이 석가모니부처님에게 설법을 청하며 연꽃을 바치자, 부처님은 그 꽃을 받아들어 대중들에게 보였다. 그때 아무도 그 뜻을 알지 못하였으나 가섭만은 부처님과 마음이 통하여 미소 지었고, 이어 부처님은 그에게 불교의 진리를 전해주었다고 한다. 이것이 바로 유명한 '염화시중拈花示衆의 미소'이다.

이처럼 연꽃은 부처님의 깨달음과 불교의 정신을 상징하는 꽃이다. 그리하여 불교에서는 부처님 오신 날인 사월초파일에 연꽃으로 장식한 수레와 등을 밝히고 행렬을 하는 것이다. 절의 문틀마다 연꽃 문양이 있고, 부처님이 앉아 계신 좌대도 모두 연꽃 모양으로 조성되어 있어 그것을 연화대蓮花臺라고 부른다. 그러므로 우리는 연꽃을 보면 불교를 가장 먼저 떠올리게 된다.

2) 용

대웅보전의 용

절에서 가장 흔히 볼 수 있는 동물의 형상은 용이다. 법당의 기둥, 천장, 처마와 추녀 밑, 닫집, 건물의 벽, 종의 머리 부분에서도 용의 그림이나 형상을 만날 수 있다. 용은 실재의 동물

이 아니고 고대인들의 상상력이 만들어낸 동물이지만, 용은 불교
경전에 자주 등장하고 그것이 형상화되어 사찰의 조형물이나 그림
으로 나타나고 있다.

　용 가운데 가장 두드러진 모습을 하고 있는 것은 불전佛殿 어간
의 양 기둥 위쪽에 있는 용의 머리와 추녀 밑 앞뒤로 보이는 용의
꼬리이다. 용의 이러한 모습은 불전이 바로 극락세계로 나아가는
반야용선般若龍船이라는 것을 형상화한 것이다. 반야란 깨달음을
이루게 하는 지혜를 말한다. 법당 어간인 용두는 뱃머리가 되고,
법당은 부처님과 불자들이 타고 있는 선실이 되고, 법당의 뒤쪽에
있는 용의 꼬리는 배의 꼬리가 되는 것이다. 용은 반야용선의 경우
처럼 우리를 깨달음으로 인도하기도 하지만 때로는 부처님의 설법
을 듣는 청중이 되기도 하고, 부처님과 불국토를 지켜주는 수호신
의 역할을 하기도 한다. 용은 사찰의 곳곳에서 사악한 무리들을 막
아주는 일을 자청한 동물이다. 그래서 사찰 입구의 다리에 거꾸로
매달려 삿된 무리들이 절에 쳐들어오는 것을 막아내기도 하고, 법
당 안의 닫집이나 대들보 혹은 천장에서도 부처님과 불국토를 수
호하고 있다.

보문사 전각 지붕의 용

3) 물고기

예전부터 사찰에서는 짐승의 사
육이 금지되어 있었는데 물고기
는 예외였다. 사찰의 연못에는 갖
가지 물고기들이 떼를 이루며 살고

있다. 그뿐 아니라 추녀 끝의 풍경에도 물고기가 매달려 있고, 공
포栱包에도 물고기가 조각되어 있다. 게나 자라 등도 조각이나 그
림으로 등장한다. 불전사물에도 물고기 형상의 목어가 있다.

　이에는 그럴 만한 이유가 있다. 인도의 토속신앙에서는 물고기를
숭상하는데, 『바가바드기타』에 의하면 정의가 쇠하고 불의가 성할
때마다 비슈누 신이 물고기나 거북이, 멧돼지 등의 형상으로 인간
세상에 나타나 악을 물리친다고 한다. 인도문화를 배경으로 하여
출발한 불교에서도 물고기를 단순한 동물로 생각하지 않는다.

풍경

　　　물고기는 잠을 잘 때도 눈
을 감지 않는다고 한다. 그와
같이 수행자는 눈을 감지 말
고 항상 깨어 수행하라는 뜻
으로 물고기를 경책의 상징
물로 삼고 있다. 그런 이유로
목어와 목탁을 불교의 법구法
具로 삼은 이유이기도 하다.

풍경은 바람에 흔들리는 물고기에 의해 소리를 낸다. 바람은 일체에 거리낌 없는 무애無碍를 상징하는데, 그 무애를 소리로 나타내주는 것이 풍경에 매달려 있는 물고기이다. 그래서 물고기는 무애의 상징이 된다. 또 불교설화 중에는 아미타불의 화신으로 물고기가 나타나기도 한다. 또한 물고기는 새끼를 끝없는 사랑으로 보살핀다고 하여 어미의 끝없는 자식 사랑을 어모魚母라고도 한다. 아미타불이 중생을 위하여 극락세계를 주재하는 것도 어모에 비유되고 있다.

4) 사자

부처님을 사자에 비유하여 부처님의 설법을 사자후獅子吼라 하고, 부처님이 설법하는 자리를 사자좌獅子座라 한다. 사자후라고 하는 이유는, 부처님의 설법 모습이 사자처럼 당당하고 음성이 사자의 포효처럼 우렁차기 때문이고, 또한 사자의 울음소리가 다른 동물들의 소리를 일시에 제압하듯이 부처님의 진리의 가르침은 다른 어떤 언설보다 수승하기 때문이다. 사자좌라 부르는 이유는, 사자가

백수의 왕이듯 부처님도 일체 중생들의 왕이기 때문이다.

한편으로 지혜의 상징인 문수보살이 (푸른) 사자를 탄 모습으로 표현되기도 한다.

사자는 조형물로 석탑 위에 올라 앉아 있거나, 석탑을 받치고 있기도 하고, 석등을 받치고 있는 경우도 있다. 물론 사자는 용처럼 신격을 나타내는 신중도 아니고 연꽃처럼 불교를 강하게 상징하는 것도 아니다. 그렇지만 부처님의 위엄과 권능을 나타내주는 상징성만은 분명하다고 할 수 있다.

5) 코끼리

코끼리가 불교의 상징 동물이 된 것은 석가모니부처님의 탄생설화와 관련이 깊다. 아이를 갖지 못하던 마야부인이 침실에 누워 깜빡 잠이 들었는데, 장엄한 음악과 함께 여섯 개의 흰 상아를 가진 흰 코끼리가 하늘에서 내려와 침실을 세 번 돌더니 마야부인의 바른쪽 옆구리로 들어왔다. 부인이 아시타 선인에게 해몽을 부탁하니 아들을 가질 징조라고 하였다. 이 꿈이 바로 석가모니부처님의 태몽이었다.

그러한 설화와 함께 불교에서는 코끼리를 신성하고 영험한 존재

보광사 코끼리 벽화

로 여긴다. 코끼리는 각종 불교설화나 경전 등에서 신과 동일시되며 부처님과 동격으로 표현되기도 한다. 석가모니부처님을 시중드는 보현보살은 코끼리를 타고 있다. 보현보살은 불화나 불상에서도 6개의 상아가 달린 코끼리의 등에 앉아 합장을 한다.

또한 부처님은 코끼리를 비유하여 많은 설법을 하였다. 장님이 코끼리를 만지는 것에 비유하여 무명 중생의 어리석음을 말하였고, 모든 짐승의 발자국이 코끼리 발자국 안에 들어가는 것처럼 모든 법이 4성제 안에 포함된다고 하는 등 수많은 법문에서 코끼리를 예로 들며 법을 설하였다.

불가의 용어 속에도 코끼리는 자주 등장한다. 전륜성왕의 7보 중에 상보象寶가 있고, 학덕이 뛰어난 고승을 지칭할 때 용상龍象

이라 하며, 사찰의 큰 불사 때 소임을 정하여 방을 붙이는 것을 용
상방龍象傍이라고 한다. 그뿐이 아니다. 우리나라의 산봉우리 중에
'상왕봉象王峰'이라는 이름이 많이 있는데, 상왕은 부처님과 같은
말이다. 조계종의 종립대학인 동국대학교의 상징동물이 코끼리인
것도 한 예이다.

개심사가 자리한 산 이름은
상왕산이다.

저녁예불

VII

사시마지

예불이란 부처님께 예배를 드리는 의식이다. 사찰에서는 하루에 세 차례 예불을 드린다. 아침예불은 새벽 3~4시경에, 저녁예불은 오후 6시쯤에 거행되며, 점심예불은 사시(巳時, 오전 9~11시)에 지낸다. 그래서 점심예불을 '사시마지' 또는 '마지예불'이라고 부른다. 마지摩旨란 '부처님께 올리는 공양'이라는 뜻으로 이때만 밥을 올리기 때문에 마지라는 말을 붙인다.

사찰의 하루가 새벽 3시에 도량석으로 일찍 시작되듯이 저녁도 빨리 시작된다. 5시경이면 저녁공양을 하고 잠시 후에 저녁예불이 진행된다. 부처님은 오전에 한 끼의 식사만 하였으므로 아침 저녁 예불 때는 밥을 올리지 않고 맑은 물만 올리면서 예불을 드린다. 예불 때 종을 치며 아래의 저녁종송(鐘頌, 종을 치며 하는 게송)을 읊는다.

문종성번뇌단聞鐘聲煩惱斷
지혜장보리생智慧長菩提生
이지옥출삼계離地獄出三界
원성불도중생願成佛度衆生
이 종소리 들어 일체 번뇌 끊고
지혜 길러 보리심 내며
지옥을 여의고 삼계를 벗어나
원컨대 성불하여 일체중생 제도하여지이다.

종송이 끝나면 파지옥진언을 3번 읊는다.

파지옥진언

'옴 가라지야 사바하' (3번)

그 다음 범종각에서 담당 스님이 법고를 치고, 이어서 목어, 운판, 범종을 친다. 범종 소리를 이어받아 노전스님에 의해 대웅전의 작은 종이 울리는 사이에 대중들이 저녁예불을 드리기 위하여 법당에 모여든다. 드디어 아래의 오분향례를 외우면서 저녁예불이 본격적으로 시작된다.

예불문

오분향례五分香禮

계향 정향 혜향 해탈향 해탈지견향

戒香 定香 慧香 解脫香 解脫知見香

계율의 향, 선정의 향, 지혜의 향, 해탈의 향, 해탈지견의 향

광명운대 주변법계 공양시방 무량불법승

光明雲臺 周遍法界 供養十方 無量佛法僧

광명 어린 맑은 구름 온 법계에 두루 퍼져

시방세계 한량없는 불법승께 공양합니다.

예불

헌향진언

옴 바아라 도비야 훔

지심귀명례 삼계도사 사생자부 시아본사 석가모니불 (1배)

至心歸命禮 三界導士 四生慈父 是我本師 釋迦牟尼佛

모든 중생 길잡이요 뭇 생명의 어버이이신 우리들의 본래 스승

석가모니부처님께 지극한 마음으로 귀의합니다.

지심귀명례 시방삼세 제망찰해 상주일체 불타야중 (1배)

至心歸命禮 十方三世 帝網刹海 常住一切 佛陀耶衆

온 누리에 항상 계신

일체 모든 부처님께 지극한 마음으로 귀의합니다.

지심귀명례 시방삼세 제망찰해 상주일체 달마야중 (1배)

至心歸命禮 十方三世 帝網刹海 常住一切 達磨耶衆

온 누리에 항상 계신

일체 모든 가르침에 지극한 마음으로 귀의합니다.

지심귀명례 대지문수사리보살 대행보현보살 대비관세음보살

대원본존지장보살마하살 (1배)

至心歸命禮 大智文殊舍利菩薩 大行普賢菩薩 大悲觀世音菩薩

大願本尊地藏菩薩摩訶薩

지혜의 문수보살, 실천의 보현보살, 자비의 관세음보살, 큰 서원

의 지장보살

일체 모든 보살님들께 지극한 마음으로 귀의합니다.

지심귀명례 영산당시 수불부촉 십대제자 십육성 오백성 독수

성 내지 천이백 제대아라한 무량자비성중 (1배)

至心歸命禮 靈山當時 受佛付囑 十大弟子 十六聖 五百聖 獨修

聖 乃至 千二百 諸大阿羅漢 無量慈悲聖衆

부처님 당시 가르침을 받은 십대제자, 십육 성자, 오백 성자, 천

이백의 여러 큰 아라한이신 무량자비 성중께 지극한 마음으로

귀의합니다.

지심귀명례 서건동진 급아해동 역대전등 제대조사 천하종사
일체미진수 제대선지식 (1배)
至心歸命禮 西乾東晋 及我海東 歷代傳燈 諸大祖師 天下宗師
一切微塵數 諸大善知識
인도로부터 중국을 거쳐 우리나라(해동)에까지 진리의 등불을
이어오신 큰스님들과 천하의 모든 훌륭한 선지식들께 지극한
마음으로 귀의합니다.

지심귀명례 시방삼세 제망찰해 상주일체 승가야중 (1배)
至心歸命禮 十方三世 帝網刹海 常住一切 僧伽耶衆
온 누리에 항상 계신
일체 모든 스님들께 지극한 마음으로 귀의합니다.

유원무진삼보 대자대비 수아정례 명훈가피력 원공법계 제중
생 자타일시성불도 (1배)
唯願無盡三寶 大慈大悲 受我頂澧 冥熏加被力 願共法界 諸衆
生 自他一時成佛道
오직 바라옵나니 한량없는 삼보님이시여! 대자대비로 우리의
예배를 받으시고 가피를 베푸시어 온 법계 중생들이 남김없이

함께 성불하게 하옵소서.

칠정례가 끝나면 신중단을 향하여 봉독하는 반야심경을 마지막
으로 저녁예불이 끝나게 된다.

마하반야바라밀다심경
摩訶般若波羅蜜多心經
가장 넓고 큰 지혜로운 깨침에 이르는 심경

관자재보살 행심반야바라밀다시 조견오온개공 도일체고액
觀自在菩薩 行深般若波羅蜜多時 照見五蘊皆空 度一切苦厄
관자재보살이 깊은 반야바라밀다를 행할 때에 오온이 모두 공
한 것을 비추어 보고 일체고액을 뛰어 넘었느니라.

사리자 색불이공 공불이색 색즉시공 공즉시색 수상행식 역부
여시
舍利子 色不異空 空不異色 色卽是空 空卽是色 受想行識 亦復
如是
사리자여, 색이 공과 다르지 않고 공이 색과 다르지 않으며, 색이
곧 공이며 공이 곧 색이며, 수·상·행·식도 또한 그러하느니라.

사리자 시제법공상 불생불멸 불구부정 부증불감

舍利子 是諸法空相 不生不滅 不垢不淨 不增不減

사리자여, 모든 법은 공하여 나지도 않고 멸하지도 않으며, 더러움도 없고 깨끗함도 없으며, 늘어남도 없고 줄어듦도 없느니라.

시고 공중무색 무수상행식

是故 空中無色 無受想行識

그러므로 공 가운데에는 색이 없고, 수·상·행·식도 없고,

무안이비설신의 무색성향미촉법 무안계 내지 무의식계

無眼耳鼻舌身意 無色聲香味觸法 無眼界 乃至 無意識界

안·이·비·설·신·의도 없고, 색·성·향·미·촉·법도 없고, 눈의 경계도 의식의 경계까지도 없고,

무무명 역무무명진 내지 무노사 역무노사진

無無明 亦無無明盡 乃至 無老死 亦無老死盡

무명도 없고, 무명의 다함도 없으며, 늙음과 죽음까지도 없고, 또한 늙음과 죽음이 다함도 없으며,

무고집멸도 무지 역무득 이무소득고

無苦集滅道 無智 亦無得 以無所得故

고·집·멸·도도 없고, 지혜도 없고, 또한 얻음도 없느니라. 얻을 것이 없는 까닭에

보리살타 의반야바라밀다고 심무가애 무가애고 무유공포 원리전도몽상 구경열반

菩提薩埵 依般若波羅密多故 心無罣碍 無罣碍故 無有恐怖 遠離顚倒夢想 究竟涅槃

보살은 반야바라밀다를 의지하므로 마음에 걸림이 없고, 걸림이 없으므로 두려움이 없어서 뒤바뀐 헛된 생각을 멀리 떠나 완전한 열반에 들어가며,

삼세제불 의반야바라밀다고 득아눅다라삼먁삼보리

三世諸佛 依般若波羅密多故 得阿耨多羅三藐三菩提

삼세의 모든 부처님도 반야바라밀다를 의지하므로 최상의 깨달음을 얻느니라.

고지반야바라밀다 시대신주 시대명주 시무상주 시무등등주

故知般若波羅密多 是大神呪 是大明呪 是無上呪 是無等等呪

그러므로 반야바라밀다는 가장 신비한 주문이고, 가장 밝은 주문이며, 가장 높은 주문이며, 무엇과도 견줄 수 없는 주문이어서

능제일체고 진실불허 고설반야바라밀다주 즉설주왈

能除一切苦 眞實不虛 故說般若波羅密多呪 卽說呪曰

온갖 괴로움을 없앨 수 있고 진실하여 허망하지 않음을 알아야
하느니라. 그러므로 반야바라밀다주를 설하노라.

「아제아제 바라아제 바라승아제 모지 사바하」(3번)

揭諦揭諦 波羅揭諦 波羅僧揭諦 菩提 娑婆訶

도량석 및
새벽예불

VIII

도량석

1. 도량석

도량석道場釋은 새벽예불을 올리기 전 오전 3시~4시에 진행되는, 도량을 깨끗하게 하는 의식으로 하루의 시작을 알리는 신호이다. 또한 도량석은 잠들어 있는 천지만물을 깨우고, 일체중생들을 미혹에서 빠져나오게 하고, 맺힌 것을 풀어주는 의식이기도 하다.

　도량석 때 목탁을 치는 요령은 낮은 음에서 시작하여 서서히 높은 음으로 올렸다가 내리기를 반복한다. 중생들이 놀라지 않고 깨어나도록 하기 위해서다. 이때 경전이나 게송을 독송하면서 경내를 돈다. 번뇌를 잠재워 중생을 깨달음의 세계로 인도하기 위해서다. 물론 경을 낭송하기 전에 정구업진언淨口業眞言인 "수리 수리 마하수리 수수리 사바하"를 세 번 외우고 이어서 오방내외안위제신진언五方內外安慰諸臣眞言인 "나무 사만다 못다남 옴 도로도로 지미 사바하"를 역시 3번 외운다. 그 다음에는 아래의 개경게開經偈를 외운다.

　무상심심미묘법無上甚深微妙法
　백천만겁난조우百千萬劫難遭遇
　아금문견득수지我今聞見得受持
　원해여래진실의願解如來眞實意

높고 높으며 깊고 깊은 미묘한 법문이여!
백천만겁 지나도록 만나기도 어려운데
제가 지금 듣고 보며 받아서 지녔으니
부처님의 진실한 뜻 알아듣길 원하옵니다.

그 다음은 개법장진언인 '옴 아라남 아라다'를 세 번 외운다. 여기까지는 도량석뿐 아니라 경을 읽기 전에 반드시 거쳐야 하는 의식이다. 이어서 경이나 게송 혹은 다라니를 독송하는데, 이때 꼭 읽어야 한다고 정해진 예문禮文은 없다. 의식을 진행하는 스님의 자유선택에 의해 결정된다. 경으로는 『천수경』(227쪽 참조) 또는 『금강경』, 게偈로는 「화엄경약찬게」나 의상대사의 「법성게」(284쪽 참조), 「이산혜연선사 발원문」(279쪽 참조)이나 승찬대사의 「신심명」을 외우는 등 사찰에 따라 차이가 있다. 일반적으로 『천수경』 독송을 많이 한다. 도량석이 끝나면 종이 울리면서 아침종송을 읊는다.

원차종성변법계願此鐘聲遍法界
철위유암실개명鐵圍幽暗悉皆明
삼도이고파도산三途離苦破刀山
일체중생성정각一切衆生成正覺
원컨대 이 종소리 법계에 두루하여

철위산의 어두운 지옥까지 모두 다 밝아지며
삼악도의 고통에서 벗어나고 도산지옥 무너져서
모든 중생이 바른 깨달음 이루어지게 하소서.

  종소리를 듣고 중생들이 고통에서 벗어나고 깨달음을 얻게 되기
를 바라는 내용이다. 종송鐘頌은 법당 안 작은 종의 종소리와 함께
밝음과 어둠, 중생의 어리석음과 깨달음이 우리의 마음가짐에 달
려 있음을 설파하고 있다. 탐욕과 분노와 어리석음을 앞세우다 보
면 그 자리가 바로 삼악도三惡道의 세계이고, 나의 것을 모두 버리
고 가볍게 살아가면 그 자리가 바로 깨달음과 감로의 세계임을 은
은하게 들려주고 있는 것이다. 종송이 끝나면 「장엄염불」 등의 여
러 가지 경문이 암송된다. 그 후 법고와 목어·운판·범종의 불전사
물이 울리고, 그 사이에 모든 대중이 법당에 모이게 된다.

2. 예불의 준비

절에서는 하루에 세 번의 예불이 있는데 그때마다 불전사물을 친
다. 도량석을 마치는 목탁소리를 이어받아 불전사물이 울리게 된
다. 처음 울리는 것은 법고이다. 법고를 치고 나면 운판을, 운판을
다 치고 나면 목어와 범종을 치지만 모든 절에서 꼭 그 순서대로
치는 것은 아니다.

예불에 앞서 불전사물을 치는 이유는 바로 불교의 동체대비 사상 때문이다. 그 소리를 듣고 모든 중생들이 고통에서 벗어나기를 바라는 마음에서 치는 것이다. 깨달음과 고통으로부터의 해탈은 인간뿐 아니라 모든 중생들이 누려야 하는 소중한 권리인 것이다.

땅에 몸을 의지하고 사는 중생, 하늘을 나는 중생, 물속에 사는 중생, 지옥에서 고통받고 있는 중생, 이들이 모두 법회에 참여하고 예배드림으로써 깨달음의 세계로 함께 나아가자는 의미가 담겨 있다. 그러므로 불전사물의 소리는 그들 모두에게 법회의 시작을 알리는 소리인 것이다.

사물소리가 울려 퍼지면 대중들은 모두 법당으로 나아가 삼배를 한 다음, 부처님 앞에 꿇어 앉아 마음을 고요히 하고 삼보의 은덕을 생각한다. 삼보三寶란 불교에서 말하는 세 가지 보배로 부처님(佛)·부처님의 가르침(法)·그 가르침에 따라 실천 수행하는 승가(僧)를 말한다.

삼배를 한다는 것은 의당 공경해야 할 대상에 대해 존경의 마음을 표하는 예법이다. 그러나 형식적인 절로만 그쳐서는 안 된다. 자신의 마음속에 있는 탐진치貪瞋癡 삼독을 끊고 계정혜戒定慧 삼학三學을 통하여 깨달음을 이루겠다는 마음의 다짐도 함께 있어야 한다.

대중들이 모이는 사이에 천상에 사는 천신들부터 지옥 중생에 이르기까지 법당에 함께 자리하게 된다. 마지막 범종소리를 이어

받아 법당 안의 작은 종(小鐘)이나 금고金鼓가 울리게 된다. 이는 마음을 하나로 모아 우리의 무한한 능력과 영원한 생명력을 길러서 부처님과 하나 되는 삶을 살자는 것이다. 또 이 종소리는 지옥의 고통을 쉬게 하고, 삼악도의 중생들을 광명의 세계로 인도하고 번뇌 속에 살아가는 중생들의 정신을 일깨워준다.

3. 새벽예불

작은 종소리가 끝나면 법당의 노전스님은 목탁이나 경쇠를 한 차례 울려 대중에게 예불이 시작됨을 알린다. 그때 대중은 일제히 일어나고 노전스님은 다게茶偈를 외우면서 부처님 전에 차를 올린다. 비로소 새벽예불이 시작되는 것이다.

아금청정수我今淸淨水
변위감로다變爲甘露茶
봉헌삼보전奉獻三寶前
원수(자비)애납수願垂(慈悲)哀納受 (3번)
제가 지금 이 맑은 물을
감로의 차로 만들어서
삼보님 전에 받들어 올리오니
원컨대 어여삐 여겨 거두어 주소서.

　때 묻지 않은 맑은 신심으로 불법승 삼보를 받들어 생사를 벗어날 수 있는 깨달음을 이루겠다는 원을 세우며 차를 올리는 것이다. 그러한 마음으로 차를 올리니 자비를 드리우고(垂慈悲) 측은히 여기는 마음(哀)으로 받아달라는(納受) 것이다. 바로 자기 안에 있는 부처, 즉 자기 자신에 대한 약속인 것이다. 그 다음에는 저녁예불과 마찬가지로 예불문의 순서에 따라 오분향례, 헌향진언, 칠정례가 이어지게 된다.(142쪽 참조) 예불문이 끝나면 신중단을 향하여 외우는 「반야심경」을 끝으로 하여 새벽예불이 마무리된다.

IX

사
찰
생
활

1. 울력

울력이란 일종의 공동 노동으로 사찰생활의 일상사 중 하나이다. '울력을 한다고 하면 죽은 송장도 일어난다'는 말이 있을 정도로 절에서는 직위나 출가나이〔법랍〕의 높고 낮음에 관계없이 누구나 참여해야 한다.

우리나라 전통에 여러 사람이 합심하여 일손이 부족한 집을 무 보수로 도와주는 협동 방식을 울력이라 일컬었다. 대상은 주로 과 부의 집, 환자가 있는 집, 초상을 당한 집 등과 같이 어려운 사정으 로 노동력이 모자라는 경우였다. 혹은 마을 공동체의 공동의 일, 즉 길을 내거나 다리를 놓는 등의 일을 함께 하는 것을 울력이라 했다.

후자의 형태와 유사한 방식의 노동이 사찰에서도 울력이라는 이 름으로 시행되어 왔다. 즉 아침 공양이 끝나면 경내의 마당을 청소 하거나, 논밭에 나가 일을 하거나, 장을 담고 김장을 한다거나, 건 물을 수리하는 등의 일을 하게 된다. 이러한 작업들이 사찰에서는 노동이 아닌 수행의 차원에서 시행되고 있다.

중국 당나라 때 백장선사는 90세에도 다른 대중들처럼 울력을 하였다고 한다. 이를 안타깝게 여긴 한 제자가 스승의 노동을 그만 두게 하려고 연장을 감춰버리자 백장은 하루를 굶었다고 한다. 제

자가 그 이유를 물으니 "하루 일하지 않으면 하루 먹지 않겠다(一日不作 一日不食)"고 말하였다고 한다. 이는 바로 수행이 노동이나 일상생활과 동떨어져 있지 않다는 것을 상징하는 불교의 노동관이다. 흔히 참선이나 기도하는 것만을 수행으로 생각하기 쉬우나, 하루 24시간 동안에 행해지는 모든 행위가 수행으로 이어져야 한다는 것이 바로 불교의 수행관이다.

2. 다도

우리말에 다반사茶飯事라는 말이 있다. 다반사란 밥 먹고 차 마시는 것처럼 늘 있는 일을 말한다. 그처럼 우리 조상들에게 차를 마시는 일은 평범하고 흔히 있는 일상적인 생활이었다. 절에는 차를 마시는 문화가 그대로 이어져 내려왔다. 그러면서 그것을 수행 차원으로 생각하여 다도茶道라 하였다. 또 다선일미茶禪一味라고도 한다.

　물을 끓이고 차를 우려내어 마시는 일은 자기를 찾아가는 과정이라고 할 수 있다. 그래서 차는 오감으로 마신다고 말한다. 귀로는 찻물 끓이는 소리를, 코로는 차의 향기를, 눈으로는 찻잔에 담긴 차의 빛깔을, 입으로는 맛을, 손으로는 따뜻한 감촉을 즐기기 때문이다. 차에는 다섯 가지 맛이 있다. 가장 먼저 혀끝에 와 닿는 맛은 쓴맛이고, 그밖에 떫은 맛, 신맛, 짠맛, 단맛 등의 맛을 느낄 수 있다. 이러한 감각에 집중하다 보면 차를 마시는 동안에 번뇌는 끼어들 틈이 없게 된다.

차를 달여 마시는 일은 불교의 팔정도 수행에 비유할 수 있다. 차를 달일 때 정념正念의 마음과 정정正定의 마음으로 집중하지 않으면 그 맛이나 색과 향을 제대로 내지 못하게 된다. 그래서 차를 마시는 문화가 성행한 곳은 주로 선가였다. 그 이유는 졸음을 쫓아 주는 차의 효능 때문이기도 하지만, 또한 다도와 선의 정신이 서로 일치하기 때문이다.

도道란 평범하고 일상적인 일을 떠나 있는 것이 아니다. 선 또한 평상심을 떠나 있지 않다. 이 때문에 차와 선은 한 맛(茶禪一味)이 되는 것이다.

중국불교에서 차 문화가 선 문화로 자리 잡은 것은 당나라 때부터이다. 8세기 중엽 당나라의 다성茶聖 육우(733~804)가 『다경』을 지어 다도에 대한 규범을 마련하였고, 그 후 조주(778~897)선사가 끽다거喫茶去라는 공안(화두)을 내세워 선과 차는 하나가 되었다.

조주는 "도가 무엇입니까?"라고 묻는 제자들에게 항상 "차나 마시고 가게나(끽다거喫茶去)"라고 대답하였는데, 이것은 뒷날 선가의 유명한 화두가 되었다. 차를 마시는 것은 평상심平常心이고, 평상심은 곧 도이자 선이라는 다선일미 사상은 우리나라의 선사상에도 많은 영향을 끼쳤다.

우리나라의 차 역사는 조주 이전으로 거슬러 올라간다. 『삼국사

기』에 의하면 차를 마시는 풍습은 일찍이 선덕여왕(632~647 재위) 시절에도 성행하였다 한다. 그러니까 끽다거의 일화가 생기기 훨씬 전부터 우리나라에서는 차를 즐겨 마시고 있었던 것이다.

고려의 승려들은 차를 즐겼고, 차를 마시는 일상 속에서 진리를 터득하려 하였다. 지눌은 "불법은 차를 마시고 밥을 먹는 곳에 있다"고 하였다. 억불숭유 정책을 펴던 조선시대에는 전반적으로 차를 마시는 문화가 쇠퇴하였지만 사원을 중심으로 하여 그 맥은 이어져 내려왔다. 19세기 초에 초의선사는 차를 재배, 법제法製하는 방법 등을 기록한 『동다송』을 펴내어 이론적인 면이나 실제적인 면에서 다도를 크게 발전시켰다. 승려들이 차를 즐겨한 것은 다선일미의 사상에 근거한 것이었고, 그러한 관습이 오늘날의 차 문화로 이어지게 되었다.

3. 백팔배

백팔배란 불교의 예법에 따라 큰절(오체투지)을 108번 하는 것이다. 백팔배는 절을 통해 자신의 마음과 몸을 낮춰 겸손함을 배우고 바다와 같은 넓고 넉넉한 마음을 기르는 수행법 중 하나로 시행되고 있다. 즉 내 안의 집착과 욕심을 내려놓는 수행법의 하나이다.

불교에서의 절이란 자기를 낮추고 상대방을 높이는 예절의 하나이다. 또 절은 참회와 발심을 위한 수행법의 일종이다. 여기서 108

이라는 숫자는 인간의 번뇌煩惱에 108가지가 있다고 하여 유래된 상징적인 숫자이다.

108번뇌의 근거를 알아보면, 육근六根인 눈·귀·코·혀·몸·마음이 그 대상이 되는(六塵) 색色·성聲·향香·미味·촉觸·법法을 대할 때 저마다 좋아하고(好), 싫어하고(惡), 무덤덤한(平等) 세 가지 마음으로 18가지 번뇌를 일으키고, 또 고苦·낙樂·사捨의 3애愛가 있어 18번뇌를 일으키니 모두 합하여 36번뇌가 된다. 여기에 과거·현재·미래의 3세世를 각각 배당하여 합하면 108번뇌가 된다.(예: 六根－六塵×好·惡·平等·苦·樂·捨=36×3=108)

불자들은 수행 차원에서 주로 백팔배를 한다. 그러나 요즈음에는 건강관리 차원에서 일반인 사이에서도 백팔배가 널리 시행되고 있다.

4. 사찰의 식생활

1) 사찰음식

사찰음식의 식재료는 세속과 다르다. 음식물이 수행에 영향을 미친다고 생각하기 때문이다. 동물성 식재료와 오신채五辛菜라는 5가지 채소를 사용하지 않는다. 동물성 식재료를 사용하지 않는 이유는 여러 가지가 있다.

첫째로 대승불교에서는 육식을 하면 자비의 종자를 끊게 된다고

생각한다. 둘째로는 짐승에게도 불성이 있다는 불성관이다. 셋째로는 숱한 생을 거듭하면서 현재의 내가 옛날에는 짐승의 몸이었을 수도 있다는 윤회관이다. 그리고 육식이 살생의 원인을 제공한다는 불살생관 때문이다.

한국의 절에서는 파, 마늘, 달래, 부추, 흥거(한국에는 없음) 등의 매운 맛이 나는 다섯 가지 채소를 오신채라 하여 사용하지 않는다. 오신채는 익혀 먹으면 음란한 마음이 생기고 날로 먹으면 성내는 마음을 일으켜 수행에 방해가 된다고 한다. 그래서 사찰에서는 이들을 대신하여 다시마, 들깨, 방앗잎, 제피(초피)가루, 버섯 등을 사용하고 있다.

이처럼 불교는 식생활도 수행의 일종으로 생각한다. 불교의 연기관은 자연과의 상호의존성과 조화로운 공존을 추구하기 때문에 식재료도 가공하지 않은 천연재료를 사용한다. 인공조미료는 절에서 사용하지 않는다. 또 절의 음식물은 제철에 나는 채소를 사용하고 음식물의 저장에도 에너지 투입이 필요하지 않은 방법을 선택한다. 김치나 된장처럼 발효된 상태로 저장하거나 소금이나 식초 등으로 절여 두면 냉장시설을 사용하지 않아도 장기간 보관이 가능하다. 인공조미료 등의 첨가물이 들어가지 않은 사찰의 음식물은 성인병의 예방 및 치료 효과뿐 아니라 항암효과도 뛰어나다고 한다.

2) 발우공양

사찰의 식사법 중에 발우공양鉢盂供養이 있다. 발우라는 밥그릇을 사용하여 밥을 먹는 식사법이다. 발우는 범어 파트라pātra의 음사인 발다라鉢多羅의 발鉢과 밥사발을 의미하는 한자 우盂가 합성된 단어로 자기의 몸에 알맞도록 적당한 양을 담는 그릇, 즉 '양에 알맞은 그릇'을 뜻한다. 이러한 의미로 발우를 응기應器 또는 응량기應量器라고도 부른다.

크기가 각각 다른 네 개의 둥근 그릇이 한 벌의 발우를 이룬다. 큰 순서대로 말하면 밥그릇, 국그릇, 물그릇, 찬그릇이다. 작은 그릇이 크기대로 큰 그릇 안에 차곡차곡 들어가도록 만들어져 있다. 공양 때 발우의 위치는 밥그릇이 왼쪽, 국그릇이 오른쪽이며, 각각의 뒤에 찬그릇과 물그릇을 놓는다. 네 그릇을 정사각형으로 놓으며 수저 한 벌, 발우 받침대, 발우 수건, 수저집이 하나의 발우 세트가 된다.

발우

발우공양이 사찰 식사법의 하나이지만 그 과정은 단순히 주림을 달래거나 식욕을 채우기 위한 것이 아니다. 식당작법이라 하여 수행 과정의 하나로 시행되고 있다. 현재 사찰의 점심공양(사시공양巳時供養) 중에 염송하는 경을 통칭 「소심경」이라고 하는데, 이 경은 일정한 내용으로 통일되어 있지는 않다. 비록 내용과 순서가 사찰에 따라 약간 다를지라도 식당작법에서 추구하는 근본정신에 큰 차이는 없다.

발우공양법에서는 아무리 배가 고파도 바로 음식을 먹을 수 없다. 금강산도 식후경이라는 말이 통하지 않는다. 음식을 먹는 것도 하나의 수행과정으로 생각하기 때문이다. 「소심경」은 발우를 시렁에서 내리는 하발게를 시작으로 하여 생반게에 이르기까지 9개의 게송으로 이루어져 있다. 9번의 의식과 게송의 독송을 거쳐야 비로소 숟가락을 들 수 있다. 그중에서 가장 핵심이 되는 게송은 다음의 오관게五觀偈이다.

이 음식이 온 곳과 그 공덕의 많고 적음을 헤아려 보고,
공양을 받기에 자기 덕행이 완전한지 부족한지 헤아려보라.
마음을 다스려 탐욕 등의 허물을 벗어나는 것을 으뜸으로 삼아,
몸을 치료하는 양약으로 바르게 생각하여,
도업을 이루기 위하여 이 음식을 받아야 한다.

우선 밥상에 놓이기까지 음식물에 투입된 수많은 사람들의 노력과 그것이 온 과정을 헤아려보라는 내용이다. 농산물이 생산되는 과정에서 농부의 피땀은 물론이고 조리 과정에서도 주부의 정성어린 노력이 필요하다. 또 농산물이 수확되기까지는 자연의 은혜가 있어야 한다. 또 경작 과정에서 생명의 희생 없이 생산되는 농산물은 아무 것도 없다. 또한 시주자의 형편이 넉넉하여 보시하는 것이 아니다. 그러한 과정을 거쳐 내 앞에 놓인 음식이기 때문에 그의 소중함을 묵상해야 한다.

그 다음은 자기 덕행이 공양을 받을 자격이 있는지 헤아려보라고 말한다. 음식을 먹기 전에 자기 자신의 삶을 반성하면서 공양에 응할 수 있는 덕행을 닦을 것을 채찍질하라고 한다.

또한 공양을 하는 목적이 깨달음에 있다면 음식을 먹으면서도 당연히 마음을 잘 다스려 탐진치 등의 허물을 떠나는 것을 으뜸으로 여겨야 한다는 것이다.

몸이 건강해야 수행도 가능하기 때문에 몸이 쇠약해지는 것을 예방하기 위한 약으로 알고 음식을 먹어야 한다고 강조한다. "도업을 이루기 위하여 이 음식을 받아야 한다"는 구절을 마지막으로 오관게는 끝을 맺게 된다.

다섯 가지를 관해야 한다는 오관게의 각각의 내용을 분석해보면, 첫째는 음식물에 대한 은혜, 둘째는 공양 받은 사람의 자격, 셋째는 음식을 받는 이유, 넷째는 수행을 할 수 있는 심신의 상태를

유지시키는 것, 다섯째는 음식을 받는 목적이다. 공양의 최종 목적은 도를 닦아 중생의 고통을 없애주겠다는 서원이다. 밥을 먹기 직전에 읊는 게송은 생반게生飯偈이다.

> 귀신의 무리들이여!
> 내 이제 그대들에게 공양하노니,
> 이 음식이 시방세계에 두루하여
> 모든 귀신들이 함께 공양하여지이다.

생반게란 굶주림에 허덕이는 귀신들에게 밥을 주는 의식이다. 불교는 육도의 모든 중생을 인간과 운명을 함께 해야 할 상호의존적 존재로 생각한다. 따라서 불교에서는 귀신과 지옥중생 등의 사악한 무리들까지도 따뜻한 자비의 손길이 닿아야 할 대상으로 여긴다.

생반게가 끝나면 비로소 기다리던 공양을 시작하게 된다. 음식을 먹을 때 소리를 크게 내면 안 되는데, 그 이유는 굶주림에 지친 아귀들이 음식 먹는 소리나 발우가 부딪치는 소리를 들으면 기갈이 더욱 심해지기 때문이다. 다음으로 일체의 말을 해서도 안 되는데, 음식을 먹는 것은 도를 성취하기 위한 수행의 과정이기 때문이다. 공양을 마치면 발우에 물을 부어 김치 조각으로 설거지를 한다.

밥을 먹고 난 후 물을 마시거나 설거지물을 버리는 과정은 물론이고 발우를 거두는 의식까지도 수행의 일부분이기는 마찬가지이다. 설거지물을 모아놓은 다음 절수게絶水偈를 외운다.

　하늘의 감로수(의 맛과)와 같은
　발우 씻은 이 물을
　내가 아귀 중생들에게 베풀어 주노니,
　모두 배불러지게 하소서.

　아귀가 이 물을 마시고 고통에서 벗어나기를 바라는 내용이다. 아귀가 먹으려 하는 음식물은 무엇이든 불로 변하여 먹을 수가 없다고 한다. 그래서 아귀는 항상 배가 고프다고 한다. 그런데 이 천숫물을 마시는 동안에는 그런 고통을 벗어날 수 있다고 한다.

　아귀의 목구멍은 너무 좁아 고춧가루만 한 음식물 찌꺼기에도 막혀버린다. 그러므로 아귀가 마셔야 할 물에는 찌꺼기가 조금도 들어 있으면 안 된다. 발우공양 후의 설거지물은 천장에 붙여놓은 천수다라니가 비쳐져서 읽을 수 있을 정도로 맑아야 한다. 그래서 발우공양 후의 설거지물을 천숫물이라 부른다.

　절수게에는 아귀의 고통까지도 세심하게 배려하는 불교의 생명 사랑이 배어 있다. 만약 천숫물에 음식물 찌꺼기가 조금이라도 들어 있으면 그 통에 물을 버린 사람은 누구든 그 물을 나누어 마셔

171

야 한다. 한 사람의 부주의마저도 공동책임으로 간주되기 때문이다. 설거지가 끝나면 발우를 거두는 수발게收鉢偈를 외우면서 공양의 모든 과정을 마치게 된다.

> 공양을 마치니 몸의 기운 충만하여
> 시방삼세에 위세를 떨치는 영웅 같구나.
> 그 인연을 돌이키고 그 과보를 되돌려 마음에 두지 않으니,
> 일체중생이 신통을 얻을지어다.

수발게는 공양의 공덕을 일체중생에게 회향하겠다고 다짐하는 게송으로, 공양을 마치면서 염송하는 「소심경」의 마지막 게송이다. 공양을 마치니 삼세의 영웅처럼 힘이 솟아오름을 느끼지만 그 힘을 나만을 위하여 사용하지 않고 일체중생들에게 돌려주겠다는 다짐이다.

불교에서 말하는 이웃은 인간으로 국한되지 않는다. 생태계의 구성원 모두로부터 받은 은혜를 갚는 데 밥을 먹어서 보충된 힘이 사용되어야 하는 것이다.

5. 안거

안거安居란 수행자들이 외출을 삼가고 수행에만 전념하는 제도이

다. 본래 안거는 범어 와르시까vārṣika 혹은 와르샤varṣa를 번역한 말로 우기雨期라는 뜻이다. 우기에는 하천이 범람하여 길이 물에 잠기고 벌레들이 땅속에서 기어 나오기 때문에, 우기에 돌아다니다 보면 초목이나 벌레를 밟아 죽이게 된다. 그래서 살생을 피하기 위해서 우기 3개월 동안은 외출을 금지하고 수행에 전념하도록 하였다.

남방에서는 비가 내리는 여름철에만 안거를 하지만 우리나라를 비롯한 다른 지역에서는 여름철의 하안거뿐 아니라 추위를 피하여 동안거도 시행하고 있다. 하안거의 시기는 음력 4월 16일~7월 15일, 동안거는 10월 16일~1월 15일의 3개월 동안이다. 안거를 시작하는 것을 결제라 하고 끝마치는 것을 해제라 한다. 안거 중에는

안거

173

보름마다 대중들이 모여 계율의 조항을 읽으면서 스스로를 점검하는 포살布薩의식이 행해지고, 해제일에는 대중들이 모여 안거 기간 동안에 저질렀던 잘못을 스스로 밝히고 다른 사람들에게 자기가 알지 못하는 사이에 범했던 잘못된 일을 지적해줄 것을 자청하면서 용서를 구하는 자자自恣가 이루어진다.

6. 탑돌이

탑돌이는 원래 사월초파일이나 큰 재齋가 있을 때 탑에 예배를 올리는 불교의식이다. 스님이 앞장서서 탑을 돌면 신도들이 불을 밝힌 등을 들고 뒤따라 탑을 돌면서 부처님의 큰 뜻과 공덕을 노래하고 극락왕생 및 개인과 가정의 평안을 기원한다.

탑돌이는 먼저 탑을 향해 합장 반배를 한 다음 합장한 자세로 탑을 오른쪽에 두고 세 번을 돈다. 그것을 우요삼잡右遶三匝이라 하는데, 우요삼잡은 고대 인도에서 고귀한 사람에 대한 지극한 공경을 표현하는 방법으로 사람을 오른쪽에 두고 세 번을 도는 인사법이다. 법당에서 삼배를 올리는 것과 같은 예법에 해당한다. 인도에서는 오른쪽을 더 상위로 보기 때문이다.

예전에는 탑을 밤새도록 돌며 정진하기도 하였으나, 근래에는 해가 진 다음 연등을 들고 정근하며 1~2시간 만에 마치기도 한다. 또한 탑돌이는 불교의식의 차원을 넘어서 대중적인 축제와 기원의 현장으로 노래를 부르며 진행되기도 하였다. 탑돌이를 하면서 염원하는 내용에는 부처님에 대한 칭송과 극락왕생 등의 종교적인 기원에서부터 크게는 국태민안國泰民安과 작게는 개인의 소원을 비는 세속적인 기원에 이르기까지 다양한 종류가 있다.

7. 연등 만들기

불자들은 부처님의 지혜와 자비가 온 누리에 두루하기를 바라고 스스로 등불이 되겠다는 마음가짐으로 부처님께 연등공양을 한다. 어둠을 밝혀주는 등은 지혜를 상징하기 때문에 등공양은 향공양과 함께 매우 중요하게 여겨진다. 따라서 신심과 정성을 다하여 연등을 만들면 그 공덕 또한 크다 아니할 수 없다.

등은 여러 가지 모양이 있으나 그중 연꽃 모양이 가장 일반적이다. 연은 흙탕물 속에서도 더러움에 물들지 않고 예쁜 꽃을 피운다. 그에 비유되어 연꽃은 무지와 어두움 속의 중생이 부처가 될 수 있다는 것을 상징한다. 연등을 만들 때 보통 얇은 종이를 사용

한다. 연꽃잎을 접어놓은 후, 다음의 순서에 따라 형형색색의 아름다운 연등을 만든다.

① 연꽃잎을 비벼서 색깔별로 놓는다.

② 연등 틀에 속지를 붙여서 말린다.

③ 연등 틀의 제일 윗부분에 틀보다 조금 올라올 정도로 위치를 잡아 연꽃을 한 바퀴 빙 돌아 붙인다.

④ 그 밑줄부터는 윗줄과의 거리를 적당히 유지하고, 윗줄의 연꽃잎 사이에 밑줄의 꼭지가 위치하도록 붙여나간다.

⑤ 제일 아래의 한 줄은 초록색 잎을 붙인다.

⑥ 둥글게 붙여나가는 꽃잎이 아래 한 줄 남았을 때 초록색 잎을 붙인다.

⑦ 초록 잎 한 줄은 꽃잎과 같은 방향으로 붙이고, 다른 한 줄은 꽃잎과 반대 방향으로 붙여서 완성시킨다.

수
행
법

X

1. 기도

기도란 자신의 능력에 한계를 느낄 때 신이나 불가사의한 힘에 의지하여 그것을 이겨내고자 간절히 비는 것을 말한다. 불교에서 기도는 불보살의 위신력을 찬탄하면서 과거에 지은 업장을 참회하며 감사하는 마음으로 일체중생과 함께하기를 발원하고 회향하는 것이다. 그러므로 기도란 간절한 마음으로 모든 것을 부처님께 맡기는 것이 가장 중요하다.

기도 방법에는 다라니나 진언 등을 지니고 외우는 주력, 경을 읽는 간경 또는 독경, 불보살님의 명호를 부르는 염불 혹은 정근 등이 있다.

2. 참선수행

참선參禪은 한국불교의 대표적인 수행법이다. 참선은 선정禪定에 참입參入한다는 뜻으로 본마음, 즉 참 나를 밝히는 작업이다. 선은 마음을 통일하여 잡념을 일으키지 않는 것이며, 그리하여 진정한 자기의 참모습으로 돌아가는 것이다. 그것을 깨달음이라고 하고, 본성을 본다고 하여 견성見性이라고도 한다. 참선을 할 때면 흔히 화두를 든다.

선禪은 범어 드야나Dhyāna를 음역한 선나禪那의 줄임말로 그 어원은 고요한 사유, 종교적 명상, 직관을 뜻한다. 원래 드야나는 정신통일을 통해 마음을 제어하는 인도의 수행법이었다. 선을 선정이라고도 하는데, 여기서 정定은 바로 마음의 고요함을 의미한다. 다른 말로는 범어 삼마디samādhi를 음역하여 삼매三昧라고도 한다. 참선의 방법을 크게 나누면 앉아서 하는 좌선坐禪과 걸으면서 하는 행선行禪이 있다.

1) 좌선할 때의 주의사항

몸에 장신구를 착용하지 않으며 간편한 옷을 입고 몸과 마음을 편안하게 가져야 한다. 선방에 들어갈 때는 먼저 중앙의 불단을 향하여 합장 예배 후 조용히 3배를 한 다음 방석에 앉는다.

선방에서는 말을 하면 안 된다. 자리에 일단 앉으면 고개를 두리번거리며 주위를 살펴도 안 되고, 다른 사람의 수행을 방해하는 일체의 행위를 해서는 안 된다. 좌선 중에 몸이 아프거나, 다리가 저려오고 졸리거나, 망상과 잡념으로 수행을 계속하기 힘든 경우에는 자리에서 일어나 잠시 선 채로 명상을 해도 된다. 그래도 수행을 지속하기 어려우면 조용히 밖으로 나가 몸과 마음을 가다듬은 다음 다시 들어온다. 참선의 시작을 알리는 신호로 죽비소리가 세 번 나면 합장을 한 다음, 아래와 같은 자세와 방법으로 선정에 들어간다.

2) 참선의 자세와 방법

참선할 때 앉는 자세에는 결가부좌와 반가부좌의 두 가지 방법이 있다. 결가부좌는 오른발을 왼 허벅지 위에 올려놓은 다음, 왼발을 오른 허벅지에 올려놓아 서로 교차하도록 하는 자세이다. 결가부좌가 힘든 사람은 반가부좌를 한다. 반가부좌는 왼발은 오른 허벅지 위에 깊숙이 올려놓고, 오른발은 왼 허벅지 밑에 두는 자세이다. 결가부좌나 반가부좌 모두 다리의 위치를 그 반대로 두어도 무방하다.

참선 자세를 취한 뒤에는 양손을 가볍게 무릎 위에 올려놓고 몸을 좌우로 움직여 몸을 바로잡은 다음 곧바로 세워 머리와 목과 허리가 일직선이 되게 편다. 턱은 가볍게 끌어당긴다. 옆에서 보아 양쪽 귀와 어깨가 나란히 되도록 하고, 앞에서 보아 코와 배꼽이 나란히 되도록 한다. 왼손을 오른손 손바닥 위에 포개어 올려놓은 다음 두 손의 엄지손가락 끝이 서로 맞닿도록 가볍게 붙인다. 엄지손가락 끝이 떨어지면 긴장이 풀려 졸음이나 망상에 빠지기 쉬우므로 손가락 끝이 떨어지지 않도록 해야 한다. 두 팔꿈치는 가볍게 옆구리에 붙인다.

눈은 졸음에 빠지지 않도록 반쯤 뜬 상태를 유지하고 시선은 약 1m 정도의 거리에 두되, 일부러 한 곳을 집중해서 바라보지 않는다. 숨은 코로 쉬며 들이쉴 때는 아랫배까지 들이마시고 내쉴 때는 반대로 아랫배에서 코로 내뱉는다. 들이마시고 내쉬는 시간은 자

연스럽고 편안하게 하며 일부러 참아가며 길게 호흡을 하거나 일
정하게 유지하려고 노력하지 않아야 한다.

　좌선 중에 수행자가 졸거나 자세가 흐트러지면 경책사는 장군
죽비로 그 사람의 어깨를 때려 망념과 졸음을 내쫓는 경책을 가한
다. 그때 경책사는 수행자의 어깨 위에 죽비를 가볍게 올려놓고 지
그시 눌러 경책할 것을 알린다. 그러면 경책을 받을 사람은 합장을
하고 죽비를 댄 어깨의 반대쪽으로 머리를 가볍게 기울여 경책을
받도록 한다. 경책을 받은 다음에는 합장인사로 감사를 표하고 다
시 좌선을 시작한다.

3) 행선

행선은 좌선 중에 졸음이
오고 다리가 저려오는 것
을 막기 위해 자리에서 일
어나 선방 안이나 마당을
천천히 걸으면서 수행을
하는 것을 말한다. 행선을
할 때는 호흡에 맞추어 천
천히 걸으면서 호흡과 걸
음걸이가 조화를 이루어
주의가 산만해지지 않도록

해야 한다. 서로 몸이 스치지 않도록 조심하고 시선을 앞으로 가볍게 내려 다른 사람의 눈길과 마주치지 않도록 해야 한다. 행선을 마치는 죽비소리가 울리면 자리로 돌아가 좌선을 계속한다.

3. 염불

염불念佛이란 부처님의 상호相好를 생각하며 관觀하거나 부처님의 이름(名號)을 일심으로 부르는 수행법을 말한다. 염불은 참선처럼 까다로운 몸가짐이나 조용한 환경을 필요로 하지 않고, 근기의 차별 없이 아무나 할 수 있는 수행법이다. 특히 염불수행은 아미타불의 이름을 간절히 부르면 반드시 서방 극락정토에 태어나게 된다는 것을 믿는 정토신앙에서 활발하게 시행된다.

　많은 사람들이 선을 통한 자력수행만으로는 성불이 어렵다고 생각하여 타력신앙으로 염불수행을 채택하고 있다. 심지어는 자력신앙을 강조하는 선종의 고승들까지도 염불수행을 권장하였다. 염불에 몰입하는 염불삼매는 불교수행의 한 방법으로 많이 행해지고 있는데, 모든 불교수행법이 그렇듯이 염불수행의 궁극 목적도 번뇌를 버리고 열반에 들게 하는 데 있다. 염불할 때는 다음의 3가지 기본적인 요소를 갖추어야 한다.

　첫째는 믿음(信)을 가져야 한다. 서방 극락세계가 있다는 것을 확신하는 것이다. 둘째는 원顯으로, 극락세계에 왕생하기를 바라

는 것이다. 자신만이 아니라 가까운 부모나 친척, 나아가서는 뭇 생명들의 왕생을 바라는 것이다. 셋째는 행行으로, 부처님의 명호를 염하면서 마음에서 부처를 떠나지 않게 염불수행을 실천하는 것이다.

이때 불보살의 명호를 부르는 행을 잠시도 쉬지 않아야 할 뿐 아니라 그 소리를 귀로 들어야 하며, 지극정성으로 염불하여야 한다. 또 염불수행에는 다음 세 가지 마음가짐이 필요하다고 하였다.

첫째는 지성심至誠心이다. 지극정성으로 신명을 다 바쳐서 부처님을 믿고 의지하며, 성실한 마음으로 극락세계에 왕생하기를 바라는 마음이다. 둘째는 심심深心이다. 부처님의 본원本願을 깊이 믿고 아미타불의 제도를 받기를 원하는 마음이다. 셋째는 회향발원심廻向發願心이다. 자기가 쌓은 공덕이 모든 중생에게 베풀어지기를 바라는 마음으로 모든 선근善根을 회향하여 극락왕생을 구하는 마음이다.

또 염불을 하면 다음과 같은 이익이 있다고 한다.

'이 현세에서 모든 재난이 소멸되고 병이 없어지며 수명이 연장된다. 가정에는 경사스러운 일이 생겨나고 사계절 내내 편안하게 된다. 죽음에 임할 때는 아미타삼존불이 친히 오시어 서방 극락세계로 인도해 주시며, 부처님을 뵙고 법을 들으며, 영원히 즐거움을 받게 된다.'

우리나라에서는 염불이 수행법의 하나로 확고한 영역을 확보하고 있다. 염불수행이 보편화된 데에는 신라의 원효대사가 지대한 역할을 하였다. 그는 복잡한 교학보다는 일반 민중들이 쉽게 받아들일 수 있는 염불수행법을 전파하여 그들에게 극락왕생의 꿈을 가지도록 하였다.

4. 간경과 독경

간경看經은 소리 내지 않고 경전을 보는 것이고, 독경讀經은 소리 내어 읽는 것을 말한다. 처음에는 부처님의 깨달음을 이해하고 실천하기 위해서 경전을 읽었지만, 나중에는 경을 외우는 것 자체를 하나의 수행법으로 여기게 되었다. 어느 경전에서나 경을 지녀서 읽고 독송할 것을 강조하고 있다. 예컨대 『법화경』 「법사품」에는 다음과 같이 말하고 있다.

> 어디서나 이 경을 설하거나 읽거나 외우거나 쓰거나 또는 이 경이 있는 곳에는 마땅히 칠보로써 탑을 쌓되 지극히 높고 넓고 장엄하게 꾸밀 것이요, 또 다시 사리를 봉안하지 말지니라. 왜냐하면 이 가운데는 이미 여래의 전신全身이 있는 까닭이니라.

이처럼 불교경전은 부처님의 몸이나 사리에 해당한다. 그러므로 모든 경전은 불상이나 불탑과 마찬가지로 예배의 대상이 된다. 경

전은 삶의 바른 길을 제시하는 지혜의 보고이다. 그래서 경전을 몸에 지니어 읽고 외우면 얻게 되는 공덕이 한량없다고 생각하여 간경이나 독경이 수행의 한 가지 방법으로 자리 잡게 되었다.

경전을 읽고 부처님의 덕을 찬탄하면 원하는 일이 이루어질 수 있다고 믿는다. 또 죽은 자를 위해 경을 소리 내어 읽으면(독경) 그 공덕으로 극락세계에 왕생할 수 있다고 여겼다. 경전은 그 뜻을 이해하면서 보아야 하고, 소리를 내어 읽을 때는 염불과 마찬가지로 자신의 소리를 들을 수 있도록 몰두해야 한다. 경전을 보다가 모르는 부분이 있으면 반드시 스님이나 선지식을 찾아가 그 뜻을 물어 이해해야 한다.

5. 사경과 인경

사경寫經이란 경건한 마음으로 경전을 한 자 한 자 옮겨 적는 것을 말한다. 처음에 사경은 경전을 보급하기 위한 수단으로 시작되었다. 그런데 인쇄술이 발달한 요즘에도 사경은 계속 되고 있다. 사경이 마음을 한데 모을 수 있는 수행법이고 또 복을 짓는 행위라고 생각하기 때문이다. 그러므로 사경을 할 때는 기도할 때와 마찬가지의 마음을 가져야 한다. 사경은 지극하고 경건한 마음으로 잡념이 없는 상태에서 또박또박 한 자씩 써야 한다.

모든 기도가 그러하듯, 사경을 할 때도 자기의 소망이 이루어지기를 바라는 데 그치지 않고 그것을 이루기 위해 스스로 마음을 다지는 데 그 의미가 있다. 사경을 할 때는 그 공덕이 자신이나 가족에게만 한정된 것이 아니라 이웃과 많은 사람들에게 베풀어지기를 바라는 마음으로 해야 한다. 사경의 방법은 사람에 따라 다양하다.

한 글자를 쓴 다음에 절을 3번 하는 1자3배법, 한 글자를 쓴 다음에 절을 한 번 하는 1자1배법, 또는 몇 자를 쓴 다음에 절을 하는 등 자신의 몸 상태와 마음가짐에 따라 정해서 하면 된다. 하루에 사경을 하는 시간이나 분량 역시 자신의 상황에 맞게 정해서 하되, 이는 꼭 지키도록 한다.

사경에 집중하다 보면 잡념을 없앨 수 있다. 또 경전을 읽을 때와는 달리 경전을 옮겨 적으면서 그 의미를 깊이 생각할 수 있다. 그래서 사경이 끝나면 더 큰 만족감을 느낄 수 있는 것이다.

사경의 활용법은 다양하다. 사경을 마치면 그것을 묶어 책으로 보관하거나 남에게 선물을 하기도 하고, 돌아가신 분의 명복을 빌기 위해 불사르기도 한다. 수행 차원에서 단체로 사경을 한 경우에는 새롭게 조성한 불상의 속에 집어넣거나 법당의 대들보 등에 넣어서 보관하기도 한다. 이는 자신의 지극한 신심을 부처님께 공양하는 의미로 이루어진다.

경전을 펴내는 또 다른 수행법으로 인경印經이 있다. 인경이란 경판에 먹물을 바르고 한지에 한 장씩 찍어내는 것이다. 제대로 인경을 하기 위해서는 먹물의 농도가 적당해야 하고 경 판에 먹물을

고르게 잘 칠해야 한다. 이런 과정의 하나하나가 중요한 수행이고
체험인 것이다.

예불문과
경전 해설

XI

1. 예불문 해설

1) 오분향례五分香禮

계향 정향 혜향 해탈향 해탈지견향
戒香 定香 慧香 解脫香 解脫知見香

광명운대 주변법계 공양시방 무량불법승
光明雲臺 周邊法界 供養十方 無量佛法僧

헌향진언獻香眞言
옴 바아라 도비야 훔 (3번)

오분향례란 진리 그 자체인 법신法身에서 배어나오는 향기로운 덕을 다섯으로 나누어 각각 예배드리는 것이다. 첫째로 법신에는 계율이 완성되어 있기 때문에 거기서 배어나는 향기가 있다. 그것을 계향戒香이라 한다. 또 선정이 완성되어 배어나는 향기(定香), 지혜가 완성되어 배어나는 향기(慧香), 해탈에서 배어나는 향기(解脫香), 해탈에 대한 확신과 자각에서 배어나는 향기(解脫知見香)를 지니고 있다. 그러한 다섯 가지 덕을 갖춘 부처님에게서 배어나오는 향기 각각에 대하여 예배드리는 것이 오분향례이다. 그러나 예배로만 그쳐서는 안 되고, 자신도 그렇게 되기를 다짐해야 한다.

계의 향에 예배드리고 스스로도 계율을 잘 지켜 향기를 풍겨야 한다. 계율은 불자가 지켜야 할 가장 기본적인 생활태도이다. 불교에서 추구하는 자비에 바탕을 둔 행동이 바로 계를 지키는 일이다. 계가 갖추어져야 마음의 안정(定)이 이루어지고 지혜(慧)가 열린다. 그 다음에 해탈과 해탈지견으로 이어지게 된다. 그러므로 해탈을 얻기 위한 출발은 바로 계를 지키는 것에서 시작된다. 그래서 계향이 가장 먼저 나오는 것이다.

정향定香의 정定은 마음의 안정이다. 집중된 마음, 티 없는 마음, 번뇌를 여읜 마음, 흔들림이 없는 차분한 마음이 바로 정이다. 거기에서 은은히 배어나는 향기가 정향이다. 그것에 예배하면서 스스로도 그렇게 되도록 다짐을 하는 것이 바로 정향에 대한 예배이다.

혜향慧香의 혜慧는 반야般若의 번역어이다. 반야란 범어 쁘라즈냐prajña의 소리글로 '있는 그대로' 비추어볼 수 있는 최상의 지혜를 말한다. 선정을 통하여 마음의 물결이 고요해지면 있는 그대로를 볼 수 있는 지혜, 즉 반야가 생긴다. 번뇌의 물결이 휘몰아치는 자기 중심적 생각으로는 있는 그대로 볼 수 있는 지혜의 향이 배어날 수 없다. 자기 중심에서 벗어나 모든 것을 있는 그대로 볼 수 있을 때, 거기에서 배어나는 향이 바로 혜향이다. 혜향을 풍길 수 있어야 모든 고苦를 벗어난 해탈의 세계에 들어갈 수 있다.

수행자는 해탈에 도달해야 한다. 그래서 해탈향을 은은히 발산해야 한다. 그러나 거기에 그쳐서는 안 된다. 해탈지견解脫知見으로 이어져야 한다. 해탈지견은 '해탈에 대한 바른 이해이고 확신'이다. 모든 중생들과 함께 해탈하고자 하는 아름다운 마음의 향기가 바로 해탈지견향인 것이다.

이러한 다섯 가지 향기가 광명의 구름대가 되어 온 우주(法界)를 두루 비추어 어둠을 몰아내야 한다. 그래서 모든 중생들이 함께 고통에서 벗어나는 세상이 되어야 한다. 그러한 세계가 바로 불국토이고 극락이다. 그러한 마음으로 시방세계의 한량없는 불법승 삼보에 향공양을 올린다(광명운대 주변법계 공양시방 무량불법승).

2) 헌향진언

옴 바아라 도비야 훔 (3번)

이어서 헌향진언을 3번 외운다. 헌향진언이란 향을 올리면서 외우는 참된 말(眞言)이다. 진언은 그 뜻을 구태여 풀이하지 않고 범어 원음 그대로 읽는 것이 불교의 관행처럼 되어 있다. 그래서 '옴 바아라 도비야 훔'이라고 세 번을 소리 내어 외운다. 굳이 그 뜻을 풀어보면 "오, 모든 더러움을 맑게 하여 주소서"이다.

3) 칠정례

예불을 진행하는 노전스님에 의해서 다게나 오분향례가 끝나면 모든 대중이 '지심귀명례'로 시작되는 일곱 개의 문장을 독송하며 각

문장이 끝날 때마다 큰절을 올린다. 그래서 칠정례七頂禮라고 부른다. 처음 두 번의 절은 부처님인 불보佛寶에, 세 번째의 절은 불법佛法인 법보法寶에, 네 번째부터 일곱 번째까지 하는 네 번의 절은 승단의 구성원인 승보僧寶에 올리는 절이다.

지심귀명례 삼계도사 사생자부 시아본사 석가모니불
至心歸命禮 三界導師 四生慈父 是我本師 釋迦牟尼佛

지심귀명례란 지극한 마음으로 몸과 목숨을 바쳐 예배드린다는 뜻이다. 첫 번째는 역사적인 실존 인물인 석가모니부처님, 즉 불보에 대한 지심귀명례이다. 석가모니부처님에 대해서는 어떤 수식어를 동원하여도 그의 진면목이 제대로 표현될 수 없지만, 그래도 중생들의 이해를 돕기 위해 간략한 설명을 덧붙인 수식어가 바로 삼계도사이고 사생자부이다.

삼계나 사생은 모든 중생들의 세계를 가리킨다. 삼계도사는 삼계의 중생들을 번뇌의 세계에서 해탈의 세계로 이끌어주는 스승(導師)이라는 뜻이다. 사생자부는 인간에서 미물에 이르기까지 어느 종류의 생명체에도 차별을 두지 않고 사랑을 베푸는 자애로운 아버지(慈父)라는 말이다. 그가 바로 우리의 근본을 알게 해주는 스승(是我本師)이신 바로 석가모니부처님이다. 그런 석가모니불께 먼저 예배를 드리는 것이다.

삼계三界란 중생들이 사는 세상을 말한다. 생사윤회를 거듭하는 세계인 욕계欲界, 색계色界, 무색계無色界를 가리킨다. 욕계는 지옥·아귀·축생·수라·인간·천상의 여섯 세계를 말한다. 욕계에 속하는 천상의 세계란 28개의 하늘나라 중 사왕천, 도리천, 야마천, 도솔천, 화락천, 타화자재천이다. 이 여섯 하늘나라를 욕계의 여섯 하늘나라(욕계육천欲界六天)라고 부른다.

　　욕계의 중생들은 욕심·화냄·어리석음의 삼독심을 모두 가지고 있다. 욕계 가운데 지옥은 삼독심이 가장 진하게 배어 있는 세계이고, 타화자재천은 그 농도가 가장 옅은 곳이다. 인간계는 우리의 마음가짐에 따라 삼독심이 더 치성해지거나 극복될 수 있는 곳이다. 색계는 탐진치 삼독심 가운데 욕심(탐심)은 버렸지만 아직도 진심과 치심이 남아 있는 세계이다. 무색계는 탐심과 진심은 없지만 아직도 '나'라는 생각, 즉 치심癡心이 미세하게 남아 있는 세계이다. 색계는 18개, 무색계는 4개의 하늘나라로 이루어져 있다.

　　사생四生이란 태어나는 방법에 따른 중생들의 네 부류를 말한다. 인간이나 짐승처럼 태를 통해 태어나는 것을 태생胎生이라 하고, 새나 물고기처럼 알로 태어나는 동물을 난생卵生, 모기나 파리 등의 미물처럼 습기가 많은 곳에서 태어나는 것을 습생濕生, 천신이나 도깨비 또는 지옥의 중생들처럼 홀연히 변화를 일으켜 태어나는 것을 화생化生이라고 한다.

　　부처님은 천상의 존재나 인간과 미물을 가리지 않고 생명의 가

치를 모두 고귀한 것으로 여긴다. 그들 모두가 우리 인간들과 함께 하는 중생계의 구성원이고 상호연관적인 존재이기 때문이다. 이러한 것을 가르쳐주는 분이기 때문에 인자한 사생의 아버지(四生慈父)이고, 근본을 알게 해주는 우리의 스승(是我本師)이라는 수식어를 붙이고 있는 것이다.

지심귀명례 시방삼세 제망찰해 상주일체 불타야중
至心歸命禮 十方三世 帝網刹海 常住一切 佛陀耶衆

두 번째는 보편적인 부처님에 대한 지심귀명례이다. 문자 그대로 풀어보면 "제석천의 그물에 달린 구슬에서 나온 빛이 온 땅과 바다를 비추듯이, 언제 어느 곳에나 항상 머물고 있는 부처님들께 지극한 마음으로 목숨 바쳐 예배드립니다"라는 뜻이다. 부처님은 진리 자체이다. 진리는 어느 곳 어느 때나 항상 존재한다. 그래서 시방삼세라 한 것이다.

불교에서는 방위를 보통 다음 열 가지, 곧 동·서·남·북의 사방과 동북·동남·서북·서남의 사우四隅, 그리고 상·하를 합하여 시방十方이라 부른다. 즉 시방이란 모든 곳을 가리킨다. 삼세란 과거·현재·미래를 의미한다.

제망찰해에서 제망帝網은 제석천의 그물이다. 제석천은 욕계의 제2천인 도리천의 궁전을 말한다. 그곳에는 한없이 넓은 그물이

펼쳐져 있는데 각각의 그물코마다 달린 영롱한 구슬이 서로가 서로를 비추어 장관을 이루며 상대방의 구슬을 더욱더 빛나게 해준다. 그 빛은 육지(刹)와 바다(海) 어느 곳이건 비추지 않는 곳이 없다. 그와 같이 부처님의 진리는 항상 우리 주위에 머물고 있다. 불타야중이란 부처님들을 말한다.

뜻을 그대로 풀이하면 "제석천의 그물에 달린 구슬에서 나온 빛이 온 땅과 바다를 비추듯이 언제 어느 곳에나 항상 계시는 부처님들에게 목숨 바쳐 지극한 마음으로 예배드립니다"이다. 그러나 알고 보면 부처란 바로 우리 주위에 있는 중생들이다. 그런 부처님들에 대한 예배가 바로 두 번째 지심귀명례이다. 이제 불보에 대한 예배가 마무리되고, 법보에 대한 지심귀명례로 이어진다.

지심귀명례 시방삼세 제망찰해 상주일체 달마야중
至心歸命禮 十方三世 帝網刹海 常住一切 達摩耶衆

세 번째로 올리는 큰절은 달마達磨, 곧 부처님의 가르침[법보]에 대한 예배이다. 그대로의 내용을 풀어보면 "제석천의 그물에 달린 구슬에서 나온 빛이 온 땅과 바다를 비추듯이, 언제 어느 곳에나 항상 머물고 있는 달마에 지극한 마음으로 목숨 바쳐 예배드립니다"라는 뜻이다.

달마는 범어 다르마dharma의 음사어로 한자로는 법法이라고 번

197

역된 말이다. 본래 다르마는 다양한 의미를 내포하고 있지만 불교에서는 주로 세 가지 의미로 사용된다. 첫째는 존재하는 모든 것, 둘째는 존재의 법칙인 인과법, 셋째는 해탈의 의지처가 되는 진리, 즉 부처님의 가르침이다.

여기서 말하는 달마는 바로 세 번째의 뜻인 부처님의 가르침을 말한다. 그런데 실은 이 가르침은 언제 어느 곳이건 항상 있다는 것이다. 단지 우리 중생들이 그것을 깨닫지 못하고 있을 뿐이다.

지심귀명례 대지문수사리보살 대행보현보살 대비관세음보살
대원본존지장보살마하살
至心歸命禮 大智文殊舍利菩薩 大行普賢菩薩 大悲觀世音菩薩
大願本尊地藏菩薩摩訶薩

네 번째로 올리는 큰절은 부처님의 가르침을 실천하는 수행집단, 즉 승보에 대한 지심귀명례이다. 그중 사대四大 보살을 비롯한 모든 대보살에 대한 예배이다. 그 뜻을 먼저 옮겨보면 "큰 지혜를 지니신 문수보살·큰 실천의 보현보살·대자비의 관세음보살·대원력을 근본으로 삼는 지장보살 등의 대보살님께 지극한 마음으로 몸과 목숨을 바쳐 예배드립니다"이다.

보살이란 보리살타의 준말로 범어 보디사트바Bodhisattva를 음사한 말이다. 그 뜻을 살펴보면, 깨달음을 뜻하는 '보디'와 중생을

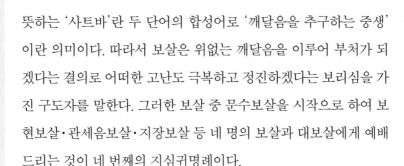

뜻하는 '사트바'란 두 단어의 합성어로 '깨달음을 추구하는 중생'
이란 의미이다. 따라서 보살은 위없는 깨달음을 이루어 부처가 되
겠다는 결의로 어떠한 고난도 극복하고 정진하겠다는 보리심을 가
진 구도자를 말한다. 그러한 보살 중 문수보살을 시작으로 하여 보
현보살·관세음보살·지장보살 등 네 명의 보살과 대보살에게 예배
드리는 것이 네 번째의 지심귀명례이다.

　문수사리보살은 대지혜의 보살이다. 문수사리는 범어 만주슈리
Manjuśrī를 음역한 말로 '만주'는 '묘하다', '슈리'는 '덕德' 또는 '길
상吉祥'의 뜻이 있다. 우리는 흔히 문수사리보살을 문수보살이라고
줄여서 부른다. 문수보살은 10대 서원을 세웠는데 그 내용은 한결
같이 중생의 깨달음에 초점이 맞춰져 있어, 자신을 믿고 따르는 이
들만을 대상으로 한 서원이 아니다. 또한 착한 이에게만 맞춰져 있
지도 않다.

　문수보살의 서원을 보면 우리가 사랑하지 못할 사람은 아무도
없다는 것을 알 수 있다. 그중 일부를 보면, 네 번째 서원은 '문수를
속이거나 업신여기거나 삼보를 비방하는 불손한 자까지도 모두 보
리심을 내게 한다'이고, 아홉 번째 서원은 '삼보를 더럽히고 나쁜
짓을 많이 하여 악도를 헤매는 중생들과 일부러 인연을 맺어 그들
을 구제하고 보리심을 내게 한다'이다. 나를 싫어하여 욕설을 퍼붓
고 악행을 일삼는 사람조차도 모두 구제의 대상이 된다. 문수보살
의 서원 속에서 불신지옥은 상상도 할 수 없다. 이러한 서원이 바

로 모든 불자들이 가져야 할 서원인 것이다.

보현보살은 대행원大行願보살이다. 행원行願이란 실천(行)에 대한 서원을 말한다. 문수보살이 깨달음을 얻도록 하겠다는 마음, 즉 중생으로 하여금 보리심을 일으키게 하는 데 원력을 세운 보살이라면, 보현보살은 올바른 지혜의 실천을 통하여 중생을 깨달음으로 인도해주는 보살이다. 즉 지혜는 부처를 이룰 수 있는 근거가 되며, 행원은 부처의 길로 나아가겠다는 각오와 실천이다. 지혜와 행원은 깨달음의 세계로 나아가게 하는 두 날개라 할 수 있다. 그래서 우리나라 대웅전은 삼존불로서 석가모니부처님의 좌우에 문수와 보현보살을 가장 많이 봉안하고 있다. 보현보살은 십대행원을 세웠다. 그 내용은 부처님께 예배, 찬탄, 공양을 드리면서 불법을 배우고 스스로를 참회하면서 중생들에게 회향하는 것들이다. 궁극적인 목적은 마음을 열고 나를 내려놓아 진리의 세계 속에서 바르게 살겠다는 다짐이다. 문수와 보현보살이 깨달음의 길을 열어주기 위해 원력을 세운 자리自利의 보살이라면, 다음의 관세음보살과 지장보살은 대자비로 중생들을 고통에서 건져주는 이타利他의 보살이다.

관세음보살은 현세의 고통을 해결해주는 보살이다. 고통 속에 있는 중생이 그의 이름을 듣고 지극한 마음으로 부르기만 하여도 곧바로 그들의 음성을 관하여 해탈하게 한다. 관세음보살은 불교를 알거나 모르거나 그런 것은 따지지 않고 어떤 중생이라도 지극한 마음으로 도움을 요청하면 그 고난으로부터 벗어나게 해준다. 고난에서 벗어나게 해주는 것뿐 아니라 두려움을 없애주고, 병을 낫게 해주며, 자식을 얻게 해주는 등 세속적인 즐거움도 얻게 해준다.

지장보살은 사후세계의 고통을 해결해주는 보살이다. 자신의 성불을 뒤로 미룬 채 지옥 속의 중생을 해탈시키기 위해 온몸을 바치고 있다. 지장보살의 관심은 오직 중생의 해탈에 있다. 그래서 '대원大願'이라고 한다. 그것을 근본으로 삼는 존귀한 분(本尊)이 바로 지장보살이다. 지장보살은 죄의 가볍고 무거움을 가리지 않는다. 오히려 중한 죄를 지은 사람을 더 가엾게 여긴다. 그래서 지옥이 텅 빌 때까지 그들을 건지려고 설법을 한다. 이 보살은 가지고 있던 것을 다 남에게 주고 마지막으로 입고 있던 옷마저 벗어준 뒤, 알몸이 된 것이 부끄러워 몸을 땅속에 감추었기(地藏) 때문에 지장보살이라고 불리게 된 것이다. 이러한 네 명의 보살을 비롯하여 다른 위대한 보살(摩訶薩)에 대한 예배가 네 번째의 지심귀명례이다.

지심귀명례 영산당시 수불부촉 십대제자 십육성 오백성 독수성 내지 천이백 제대아라한 무량자비성중
至心歸命禮 靈山當時 受佛咐囑 十大弟子 十六聖 五百聖 獨修聖 乃至 千二百 諸大阿羅漢 無量慈悲聖衆

다섯 번째로 드리는 예배는 부처님 당시에 직접 부처님의 가르

침을 받았던 수많은 제자들에 대한 지심귀명례이다. 뜻을 풀어보면 "영취산에서 법회를 하면서 부처님의 부촉을 받은 10대 제자, 십육 성인, 오백 성인과 독수성에서 천이백 모든 아라한에 이르기까지 무량한 자비의 성인들에게 지극한 마음으로 몸과 목숨을 바쳐 예배드립니다"이다. 부처님의 직제자들 중에서도 교단의 성립에 가장 큰 공헌을 한 십대제자에 대한 예배가 먼저이다. 부처님은 영취산(靈山)의 법회에서 현장에 있던 열 명의 제자들에게 법을 널리 펼 것을 당부하였다.

그들은 바로 ①지혜 제일의 사리불舍利佛, ②신통神通 제일의 목건련目健蓮, ③청정한 수행, 즉 두타頭陀 제일의 가섭迦葉, ④공空에 대한 이해가 뛰어났던 해공解空 제일의 수보리須菩提, ⑤설법說法 제일의 부루나富樓那, ⑥부처님의 가르침을 논리정연하게 정리를 잘한 논의論議 제일의 가전연迦旃延, ⑦미래세를 내다 볼 수 있는 천안天眼 제일의 아나율阿那律, ⑧계율을 지키는 데 있어서 제일이었던 지계持戒 제일의 우바리優婆離, ⑨몸가짐을 바르게 하여 모범이 되었던 밀행密行 제일의 라후라羅喉羅, ⑩부처님의 설법을 가장 많이 듣고 기억을 잘 했던 다문多聞 제일의 아난다阿難陀존자이다.

이들 중 사리불과 목건련은 부처님의 오른팔과 왼팔의 역할을 했던 제자였다. 설법 제일 부루나는 불법의 전파를 위해 목숨을 아끼지 않았고, 지계 제일 우바리는 카필라궁의 이발사 출신이었고, 밀행 제일 라후라는 부처님의 아들이다. 부처님의 사촌동생인 천안 제일 아나율은 잠을 자지 않고 수행을 하다 눈병을 얻어 장님이 되었지만 마음의 눈을 떠 천안을 얻었다고 한다.

10대 제자 다음에 나오는 십육성은 나한전에 모시는 십육나한을 말한다. 이들은 부처님이 열반할 당시에 불법을 호위할 것을 부탁받은 16명의 제자들이다. 오백성은 오백나한, 즉 오백 명의 아라한들을 가리킨다. 이들 오백나한은 미래세에 성불할 것이라는 부처님의 수기를 받은 후 열반에 들지 않고 중생들의 구원을 위해 노력하고 있는 성자들이다. 독수성은 스스로 연기법을 관찰하여 홀로 깨달음을 얻은 성자이다. 다른 말로는 연각緣覺, 벽지불僻支佛 혹은 독각獨覺이라고 한다.

이들 '천이백 제대아라한'은 처음 불법승 삼보가 성립되고 얼마 지나지 않은 시기에 초기승단을 구성하고 있던 비구들 모두를 말한다. 이들이 부처님의 뜻을 충실히 받들어 불법이 인도 전역으로 퍼져 나가도록 노력한 한량없이 자비롭고 성스러운 사람들(無量慈悲聖衆)이다.

지심귀명례 서건동진 급아해동 역대전등 제대조사 천하종사
일체미진수 제대선지식
至心歸命禮 西乾東震 及我海東 歷代傳燈 諸大祖師 天下宗師
一切微塵數 諸大善知識

여섯 번째로 큰절을 드리는 예배는 우리에게 직접적으로 진리의 등불을 전해준 분들에 대한 지심귀명례이다. 뜻을 풀이하면 "인도와 중국·우리나라에 대대로 진리의 등불을 전해주신 모든 위대한 조사와 종사님들, 그리고 일체 헤아릴 수 없는 모든 위대한 선지식들께 몸과 목숨 바쳐 예배드립니다"이다.

부처님이 열반한 후에도 우리들이 그 가르침을 만날 수 있는 것은 인도(西乾)와 중국(東震), 그리고 우리나라(海東)에 진리의 등불을 대대로 이어온 조사스님들과 천하의 종사들과 수없이 많은 훌륭한 선지식이 있었기 때문이다. 2,500년이 넘는 세월 동안 불법이 이어져 내려오는 것은 쉬운 일이 아니었다. 외도들의 음해공작과 다른 종교를 가진 외세의 침입, 정치적인 이유로 인한 법난, 이러한 것들을 이겨낸 조사와 종사, 그리고 선지식들이 있었기 때문에 오늘날까지 불교가 이어져 내려올 수 있었던 것이다.

조사란 일종 일파를 세운 큰스님들께 붙이는 호칭이며, 불교를 선종과 교종으로 나눌 때 주로 선종에서 사용하는 명칭이다. 종사란 불교의 각 종파를 대표할 수 있는 큰스님들을 말한다. 선지식이란 불법과 인연을 맺어주고 깨달음으로 인도해줄 수 있는 사람을 가리킨다. 꼭 스님이 아니어도 깨달음의 문을 열어줄 수 있는 사람이면 선지식이 될 수 있다. 실은 선지식은 바로 내 곁에 있다. 자기 자신에 대한 집착을 놓아버리면 모든 사람이 선지식으로 다가오게 되는 것이다.

지심귀명례 시방삼세 제망찰해 상주일체 승가야중

至心歸命禮 十方三世 帝網刹海 常住一切 僧伽耶衆

마지막 일곱 번째는 현재의 승가 전체에 대한 지심귀명례이다. 문장을 그대로 풀어 보면 "제석천궁의 그물에 달린 영롱한 구슬에서 나온 빛이 온 땅과 바다를 두루 비추듯이 시간과 공간을 가리지 않고 항상 머물러 계시는 모든 승가대중께 지극한 마음으로 목숨 바쳐 예배드립니다"라는 의미이다.

승가란 범어 상가Saṅgha의 음역으로 불교교단을 지칭하는 말이다. 개인이 아닌 단체, 즉 불교집단을 의미하며, 뜻으로 번역하면 화합중和合衆이라고 한다. 그만큼 불교에서는 화합을 중요시한다. 승가의 구성은 출가자들과 재가신자들로 이루어져 있다. 이를 좀 더 세분하면 남자승려인 비구, 여자승려인 비구니, 남자 재가신도인 우바새, 여자 재가신도인 우바이로 나누며, 이를 사부대중이라고 한다. 여기에 승려를 나이에 따라 더 세분하여 7부중으로 나누기도 한다.

승가의 구성원은 계율을 받아야 한다. 재가신도는 불법승 삼보에 귀의하고 살생·도둑질·사음·거짓말·음주를 하지 않겠다는 5계를 받는다. 비구는 250가지, 비구니는 348가지의 구족계具足戒를 받아야 비로소 승려가 되는 것이다. 이러한 구성원이 있어야 불교가 유지될 수 있다. 만약 불교에 승가가 없다면 그것은 박제된

불교에 불과하다. 불교가 만약 역사적 사실로만 남아 있게 된다면 그것은 바로 생명력을 잃은 불교이다. 현실에서 살아 숨 쉬는 불교여야 한다. 그래서 우리는 역사 속에서 불교를 살아 있게 해온 승가에 지심귀명례를 하는 것이다.

유원 무진삼보 대자대비 수아정례 명훈가피력 원공법계제중생 자타일시성불도
唯願 無盡三寶 大慈大悲 受我頂禮 冥熏加被力 願共法界諸衆生 自他一時成佛道

불법승 삼보에 일곱 번의 큰절을 올리고 예불을 마치면서 불자들은 삼보를 대상으로 하여 마지막으로 소원을 빈다. 그 소원은 삼보의 그윽한 가피와 우리 모두의 성불이며, 자기 자신만의 이익을 위한 것이 아니다. 위의 내용을 문자 그대로 풀이하면 다음과 같다. "오직 원하옵건대 다함이 없는 삼보님이시여, 대자대비로 저의 지극한 예배를 받으시고 그윽한 가피를 내려주소서. 원하옵건대 법계의 모든 중생들, 그리고 나와 남이 일시에 불도를 이룰 수 있게 하소서."

이렇게 소원을 빌고 고두배叩頭拜를 하면서 예불이 끝난다. 이때 삼보의 가피가 있어 소원이 성취되길 발원한다. 가피는 불보살이 중생에게 불가사의한 힘을 부여해서 이익을 얻게 하는 것을 말한다.

예불의 목적은 개인의 이익추구에만 있어서는 안 되고, 예불을 드린 자기의 공덕이 중생에게 회향되어야 한다. 그래서 마지막은 모든 중생들, 즉 나와 남을 가리지 않고 모두가 불도를 이루기를 바라는 것이다. 그러한 발원으로 예불문은 마무리된다.

2.「반야심경」해설

「반야심경」은 600여 권에 달하는 방대한 양의 『반야경』을 260자의 한자로 요약한 경전이다. 「반야심경」은 사찰의 모든 의식에서 독송되는 경전으로, 관자재보살이 체득한 반야바라밀을 방편으로 하여 일체중생을 해탈시키려는 의도로 공空사상을 설하고 있다.

우리가 독송하는 「반야심경」은 현장의 한역본으로 정확한 명칭은 「반야바라밀다심경」이다. 약칭으로 보통 「반야심경」이라고 부르며 더 줄여서 「심경心經」이라고도 한다. 우리가 일반적으로 부르는 경의 제목 '마하반야바라밀다심경'에서 '마하'는 현장의 한역본에는 본래 없는 단어이다.

이 경을 역경한 당나라의 현장(602~664)은 법상종의 개조이며 『대당서역기』를 지은 승려이다. 12세에 출가한 현장은 27세(629년)에 법을 구하기 위해 인도로 출발하여 16년(645년)만에 당에 귀국한 후 수많은 경전을 한문으로 역경하였다. 현장의 번역을 기점으로 하여 그 이전 번역을 구역이라고 하고, 그 이후의 번역은

신역이라고 할 정도로 그는 역경사에서 중요한 위치를 차지하고 있다.

우선 '마하반야바라밀다심경摩訶般若波羅蜜多心經'이라는 경명의 의미를 풀이해보면, '마하'는 범어 마하mahā의 소리말로 '크다', '위대하다(大)'는 의미이다. 마하는 상대적이 아닌 절대적으로 큰 것을 의미한다. '반야'는 범어 쁘라즈냐prajñā의 음역으로 '지혜'라는 뜻이다. 반야는 지혜 중에서도 근본지를 말한다. 근본지란 진실한 생명의 경지에 도달했을 때 드러나는 사물의 이치를 꿰뚫어 보는 지혜, 즉 예지叡智를 의미한다. 다시 말하면 반야는 세속적인 분별심에 의한 지식(vijñāna)이 아니고 있는 그대로를 꿰뚫어볼 수 있는 지혜를 말한다.

'바라밀다'는 파라미타Pāramitā의 음사어로 '완성' 혹은 '저 언덕으로 건너간다(到彼岸)'는 뜻을 지니고 있다. 저 언덕이란 이 언덕의 문제가 해결된 상태를 의미한다. '심'은 흐리다야hṛdaya를 풀이한 말로 심장, 정수, 핵심을 의미하고, '경'은 수트라Sūtra의 뜻을 풀이한 말로 경전을 의미한다. 그러므로 '반야바라밀다심경'은 "지혜의 완성과 그것의 정수를 말하는 경전"이라는 의미를 담고 있다. 다시 말하면 "지혜로 저 언덕에 이르게 하는 핵심이 되는 경전"이라는 뜻이다.

관자재보살 행심반야바라밀다시 조견오온개공 도일체고액

觀自在菩薩 行深般若波羅密多時 照見五蘊皆空 度一切苦厄

관자재보살이 깊은 반야바라밀다를 행할 때에 오온이 모두 공한 것을 비추어 보고, 일체 고액을 뛰어넘었느니라.

관자재보살은 우리가 친숙하게 들어온 관세음보살을 말한다. 범어 아왈로키테슈와라Avalokiteśvara를 구마라집은 관세음觀世音으로, 현장은 관자재觀自在로 번역하였다. 이 보살은 중생들을 고통에서 구하려는 원력을 세운 자비행의 대표적인 보살이다.

보살이란 보디사트바bodhisattva의 소리글인 보리살타菩提薩陀의 준말이다. 보살이란 본래는 석가모니부처님(세존)의 전생에 있어서의 호칭이지만 대승불교 시대에 이르러 '깨달음을 구하는 자', '구도자'를 의미하는 일반명사로 사용되기 시작하였다. 보살은 위로는 깨달음을 구하고 아래로는 중생들을 교화시키는(상구보리 하화중생上求菩提 下化衆生) 존재로, 자신뿐 아니라 남들까지도 이롭게(자리이타自利利他) 하는 이상적인 인간상이다.

관자재보살은 중생을 구제하기 위해 수행을 하였는데, 그 수행이 반야바라밀다 수행이었다. 반야바라밀다에서 바라밀다는 고통이 없는 '저 언덕에 이르는 것(도피안到彼岸)' 혹은 '완성'을 의미한다. 따라서 반야바라밀다를 행한다는 것은 반야의 지혜에 의해서 생로병사의 괴로움이 있는 이 언덕에서 괴로움이 없는 저 언덕에 이르게 하는 실천적인 행위를 뜻한다. 저 언덕은 바로 영원하고(상

常) 행복하고(락樂) 자유롭고(아我) 청정한(정淨), 열반 4덕이 있는 깨달음의 세계이다.

'조견오온개공'이란 반야의 지혜로 보니 오온이 모두 공空했다는 것이다. '공'이란 범어 슌야따Śūnyatā의 번역어로 원래는 아무것도 없는 상태를 의미한다. 이는 곧 고정된 실체가 없다는 뜻이다. 달리 말하면 일체의 존재는 독자적인 자성, 즉 스스로 갖고 있는 불변의 고유한 특성이 없다는 것을 의미하는 단어가 공이다.

관자재보살이 그러한 지혜(반야바라밀다)로 비추어보니 오온이 모두 공한 것을 확연히 알아서 모든 고뇌와 재액(고통과 재앙, 四苦八苦)에서 벗어나게 되었다는 것이다. 즉 고통이 있는 이 언덕에서 고통이 없는 저 언덕에 이르게 되었다는 것이다.

부처님은 강가의 언덕에서 사람들을 모아놓고 자주 설법을 하였다. 그러다 보니 자연히 강의 언덕을 예로 들면서 이야기를 전개하게 된다. 이 언덕이 고난의 땅이라면 강 건너 저편의 언덕은 우리가 도달하고 싶은 즐거움이 있는 곳이다. 거기에 도달할 수 있는 방법이 바로 반야라는 뗏목이다.

오온이란 다섯 가지 온으로 물질적·정신적인 존재를 통틀어 일컫는 말이다. 여기서 온蘊은 '모아서 쌓다' 또는 '구성 요소'라는 뜻을 가지고 있다. 따라서 하나하나의 온에도 수많은 요소들이 복합되어 있는 것이다.

수많은 인과 연들이 모여서 이루어진 가변적인 존재, 연기적인 존재가 바로 온이다. 그런 다섯 가지의 온이 일시적으로 결합하여 나타난 것이 바로 이 세상의 존재들이다. 물론 오온은 우리 인간을 구성하고 있는 요소이기도 하다. 오온은 물질적 요소인 색色과 정신적 요소인 수受·상想·행行·식識을 의미한다. 수受란 감각작용, 상想은 표상작용, 행行은 의지작용, 식識은 인식작용이다.

관자재보살이 반야지般若智에 의해서 본질을 바로 보니 모든 것에는 고정 불변하는 실체가 없다는 것이다. 따라서 오온의 각각도 역시 실체가 있는 것이 아니다. 더구나 오온의 집합체로 나타난 우리 인간이나 사물과 현상이 고정 불변한 것은 더더욱 아니다. 내 것이라고 애지중지하는 이 몸뚱이도 나의 것이 아니고, 내가 좋다고 느끼는 감각도 집착할 만한 것이 아니며, 목숨같이 소중히 여기는 나의 가치관과 사상도 절대적인 것이 아니다. 알고 보면 그러한 것들은 내가 선택한 지식과 주위환경과 시대적인 상황이 만들어낸 일시적인 산물에 불과한 것이다. 도덕과 윤리도 역시 그렇다. 그러한 것을 알기 때문에 집착할 것이 없다. 그것을 알게 되면 고난과 재앙에서 벗어날 수 있다는 것이다.

불교에서 말하는 고통에는 3가지(三苦)가 있다. 고고苦苦·괴고壞苦·행고行苦이다. 고고는 질병이나 추위, 배고픔 등의 육체적인 원인으로 오는 고통이고, 괴고는 소중히 여기던 것이 없어져서 생기는 고통으로 환경이나 신분의 변화 때문에 오는 고통이며, 행고는 세월이 흘러 저절로 찾아오는 원치 않는 변화(제행무상諸行無常)로

오는 고통이다. 액厄은 갑자기 찾아오는 재앙이나 불행을 말한다.

고통을 달리 분류하여 8가지로 나누기도 한다. 생로병사의 4가지 고통(사고四苦)에다 좋아하는 대상과 헤어져야 하는 고통(애별리고愛別離苦), 싫어하는 것을 마주해야 하는 고통(원증회고怨憎會苦), 구하는 것을 얻지 못하는 고통(구부득고求不得苦), 우리가 이 몸(五蘊)을 받았기 때문에 오는 고통(오음성고五蔭盛苦)으로 이를 합하면 8가지 고통(팔고八苦)이 된다.

현상을 있는 그대로 바르게 볼 수 있는 것은 바로 반야바라밀을 통해서이다. 깊은 반야바라밀이란 육바라밀(보시·지계·인욕·정진·선정·지혜) 각각에 다 포함되는 반야바라밀을 의미한다. 반야바라밀다를 통해 바라본 이 현상계(오온)는 모두 공한 것임을 알 수 있다.

'도일체고액'이란 일체의 고뇌와 재액을 건너갔다, 뛰어넘었다는 뜻이다.

이 세상을 살면서 고액이 생기는 원인은 반야바라밀을 갖추지 못해 사물과 현상을 제대로 파악하지 못하기 때문이다. 오온이 다 공하다(皆空)는 말은, 색·수·상·행·식은 나의 물질세계와 정신세계의 흐름일 뿐 고정 불변하는 실체로 존재하는 것이 아니라는 것을 의미한다.

사리자 색불이공 공불이색 색즉시공 공즉시색 수상행식 역부여시

舍利子 色不異空 空不異色 色卽是空 空卽是色 受想行識 亦復
如是

사리자여, 색이 공과 다르지 않고 공이 색과 다르지 않으며, 색이
곧 공이고 공이 곧 색이며, 수·상·행·식도 또한 그러하느니라.

사리자는 부처님의 10대 제자 중의 한 명으로 부처님이 가장 총
애하였던 지혜 제일 사리불을 말한다. 그는 불교에 들어오기 전에
이미 모든 외도들의 서적(외전)을 통달하고 있었기 때문에 불교에
도전해오는 무리들을 제압하고 교화하는 데 큰 공을 세웠던 제자
이다. 그 사리불에게 관세음보살이 반야의 지혜에 의해서 꿰뚫어
본 결과를 말하고 있다. 다시 말해 오온의 본질에 대해 설명하고
있다. 오온 하나하나를 분석해보니 모두 공空하다는 것이다. 공이
란 고정불변의 실체가 없다는 것을 의미한다. 그것이 바로 만물의
본질이다. 고정되지 않았다는 것은 무한한 가능성을 내포하고 있
다. 물질적 현상이 그 본질인 공과 다르지 않고, 그 본질인 공 또한
물질적 현상과 다르지 않으니, 물질적 현상이 곧 본질인 공이며,
공이 곧 물질적 현상으로 나타나는 것이다.

또한 감각작용, 표상작용, 의지작용, 식별작용도 다 공이다. 우리
의 인식 기관으로 판별할 수 있는 물질적이거나 정신적인 것들은
모두 그 본질을 다양한 모습으로 잠시 나타낸 것일 뿐 그대로가 변
하지 않는 실체로 지속되는 것은 없다는 것이다.

우리가 지각하는 물질현상은 끊임없이 변화하는 속성을 가지고 있다. 그것이 바로 색의 공성이다(색즉시공). 또한 색의 본질인 공은 색의 현상을 통해서만 나타낼 수 있다(공즉시색). 그래서 현상은 본질과 다르지 않고 본질도 현상과 다른 것이 아니다. 마찬가지로 수·상·행·식도 그렇다.

색色은 범어 루빠rūpa의 번역으로 물질을 말한다. 좁혀서 말하면 여기서는 인간의 육체를 말한다. 물질은 형태와 색채가 있는 것으로 공간을 점유하는 특성이 있으나, 일순간도 그대로 있는 것이 아니고 끊임없이 변하여 파괴되는 성질이 있다. 물질적 존재는 지수화풍地水火風 4가지 요소(四大)가 서로 의존적인 관계에 의해 형성되고 변화하는 것으로 실체로서 포착될 수 있는 것이 아니다.

5온 중의 하나인 수온受蘊의 수受는 웨다나vedanā의 번역으로 우리의 감각기관이 받아들이는 느낌을 말한다. 그 느낌의 종류에는 고통스럽거나(苦) 즐겁거나(樂) 아무 느낌이 없는 것(捨)이 있다. 상온想蘊의 상想은 상즈냐saṃjñā의 번역어로 표상表象작용을 의미한다. 상상을 하고 공상을 하고 망상을 하는 것이 바로 상想이다. 표상작용이란 사물의 형체나 어떤 존재를 생각할 때 그 대상이 눈앞에 없어도 머릿속에 떠오르는 것을 말한다. 즉 과거에 인식되었던 사물이나 존재의 모습을 기억에서 불러일으키는 작용을 말한다.

행온行蘊의 행行은 상스까라saṃskāra의 번역어로 정신작용이 일정한 방향으로 작용해가는 것을 가리킨다. 즉 의지의 형성력이다.

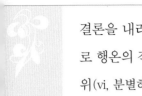

결론을 내리고 몸과 입과 마음으로 삼업三業을 짓게 하는 것이 바로 행온의 작용이다. 식온識蘊의 식識은 위즈냐나vijñāna의 번역어로 위(vi, 분별하다)와 즈냐나(jñāna, 알다)의 합성어이다. 즉 외계의 사물을 식별하는 작용이다. 스스로 결정을 내려 나름대로 인식능력을 갖는 것, 경험을 통하여 나름대로 관념을 형성하는 것을 말한다.

색을 분석하여 공을 보는 것이 아니라, 색을 직관해서 공임을 볼때 완전한 해탈을 얻을 수 있다. 물과 얼음이 서로 다른 것처럼 보이지만 같은 것이듯, 색과 공은 하나인 것이다. 색에 대한 집착은 나에 대한 집착이고 물질에 대한 집착이다.

색은 무상하다고 관찰해야 올바른 관찰이다. 그래야 좋아하고 탐하는 마음이 없어지게 되는 것이다. 탐하는 마음이 없으면 그것을 해탈이라고 한다. 수·상·행·식도 역시 마찬가지이다. 오온의 무상을 관찰하고, 그것들이 고苦이고 공空이며 비아非我라고 관찰해야 한다. 이것은 범부가 옳다고 여기고 있던 가치관과 시각으로는 이해할 수 없는 통찰법이다.

사리자 시제법공상 불생불멸 불구부정 부증불감
舍利子 是諸法空相 不生不滅 不垢不淨 不增不減
사리자여, 모든 법은 공하여 나지도 않고 멸하지도 않으며, 더러움도 없고 깨끗함도 없으며, 늘어남도 없고 줄어듦도 없느니라.

　사물의 본질(諸法空相)에 대한 특성을 관자재보살이 사리자에게 설명해주고 있다. 우리 눈에 보이는 모든 존재들이 외관상으로는 생겨나거나 없어지고, 더러워 보이거나 깨끗해 보이고, 늘어나고 줄어드는 것 같지만, 본질적 차원(공상空相, 모든 것의 참된 모습)에서는 그렇지 않다는 것을 알라는 것이다. 그러므로 우리가 온 몸과 마음을 던져 집착할 만한 것은 없는 것이다.

　'제법공상'이란 모든 것(諸法)의 참된 모습(空相)이라는 말이다. 사물의 참된 모습은 생겨나는 것도 아니고 없어지는 것(不生不滅)도 아니다. 우리가 생멸이나 생사로 알고 있었던 것은 영원한 생명력의 과정 중에 나타나는 하나의 현상이다. 우주 법계에는 멸할 것도 생겨날 것도 없는 것이다. 그래서 일법계一法界라고 한다. 죽음은 오온으로 구성된 '나'라는 울타리의 해체 작업이며, 다양한 생명 현상의 단계적인 표현일 뿐이다. 그렇듯이 깨끗함과 더러움, 늘어남과 줄어듦도 단지 눈앞에 나타나는 일시적인 현상일 뿐 그 본질에는 아무런 차별이 없는 것이다.

시고 공중무색 무수상행식 무안이비설신의 무색성향미촉법
무안계 내지 무의식계 무무명 역무무명진 내지 무노사 역무노
사진 무고집멸도 무지역무득
是故 空中無色 無受想行識 無眼耳鼻舌身意 無色聲香味觸法
無眼界 乃至 無意識界 無無明 亦無無明盡 乃至 無老死 亦無老

死盡 無苦集滅道 無智亦無得

그러므로 공 가운데에는 색이 없고, 수·상·행·식도 없고, 안·
이·비·설·신·의도 없고, 색·성·향·미·촉·법도 없고, 눈의 경
계를 비롯해서 의식의 경계까지도 없고, 무명도 없고, 무명의 다
함도 없으며, 늙음과 죽음까지도 없고, 또한 늙음과 죽음이 다함
도 없으며, 고·집·멸·도도 없으며, 지혜를 얻음도 없느니라.

현상계의 본질인 공의 입장에서는 우리가 인식하는 것과 같은
물질적 현상이 실재적으로 있는 것이 아니다. 감각작용과 표상작
용, 그리고 의지작용과 식별작용 등도 역시 그러하다. 이 공의 세
계에서는 우리가 집착하는 바와 같은 인식주관인 눈·귀·코·혀·
몸·뜻이 있는 것이 아니고, 그의 대상인 빛깔과 형상·소리·냄새·
맛·감촉·법도 없으며, 인식주관과 그 대상(12처)에 의해서 형성되
는 인식작용의 세계(18계)인 안계眼界를 비롯해서 의식의 세계(의
계)까지도 실재가 아니라는 것이다.

불교에서는 일체를 세 가지 방법으로 분류한다. 곧 오온五蘊·12
처處·18계界이다. 12처란 인식기관인 눈·귀·코·혀·몸·의(6근, 6
내입처)와 그의 대상인 물질·소리·향기·맛·촉감·법(6외입처)을
합하여 말하는 것이고, 여기에 여섯 종류의 인식계인 안계眼界·이
계耳界·비계鼻界·설계舌界·신계身界·의계意界를 더하여 18계라 한
다. 불교에서는 이러한 오온·12처·18계를 중심으로 일체를 분류

하고 파악한다. 인간 중심의 존재 파악이다. 이 가운데 인간의 육체와 정신작용을 주안점으로 한 분류법이 오온이고, 인간의 인식능력을 세분화한 분류법이 12처이다. 그리고 12처에 육식六識이 빚어내는 다양한 경계를 분류한 것이 18계이다.

12처의 안眼·이耳·비鼻·설舌·신身·의意는 여섯 가지의 인식 기관으로 6근六根이라 하고 6내입처內入處라고도 한다. 6근의 대상이 되는 색色·성聲·향香·미味·촉觸·법法은 6경六境이라 하며 6외입처外入處라고도 부른다. 우리가 현실적으로 경험할 수 있고 인식할 수 있어 명확히 판단을 가능케 하는 것은 이 12가지 안에 포함된다는 의미에서 12입처라고 한다. 여기서 말하는 처處는 범어 아야타나āyatana의 번역어인데 '생장生長시킨다'는 뜻이다. 즉 마음이 작용을 일으킬 수 있는 의지처(所依處)가 되어 그것을 기르고 생장시킨다는 말이다.

18계界에서 계界는 범어 다투dhātu의 번역어로 '종류'라는 뜻이다. 18계는 12처에 대응하여 여섯 가지 인식작용을 첨가한 것으로 6근과 6경과 6식을 합한 것이다. 여기에 계를 붙이는 것은 이들이 각각 독립적인 성질과 작용을 가지며 존속하기 때문이다. 범부는 오직 이 18계의 일 때문에 서로 다투며 살아간다.

그런데 이러한 분류법은 현상의 본질을 제대로 보지 못하는 번뇌에 찬 범부들의 현실에 대한 분류법이며, 반야바라밀에 의한 본질을 제대로 꿰뚫어 본 분류법은 아니다. 그렇기 때문에 「반야심경」에서는 이들이 모두 부정되고 있는 것이다.

이처럼 「반야심경」에서는 오온을 비롯한 18계는 물론이고 12연기와 4성제 등의 불교의 기본 교리가 모두 부정되고 있다. 본질의 세계에 들어가면 무명에서 비롯되는 늙음과 죽음(12연기)도 없는 것이고, 그렇기 때문에 무명을 다할 것도 없고 늙음과 죽음을 다할 것도 없다는 것이다. 반야바라밀을 행하면 고통이 없으므로 고통의 원인도 없고 그 고통이 멸한 상태와 고통을 멸하는 수행방법 등의 4성제도 부정된다(무고집멸도). 12연기나 4성제는 모두 번뇌에 근거하여 출발하기 때문이다. 또 본질적인 차원에서는 지혜(깨달음)가 따로 있는 것도 아니고, 열반도 본래 갖춰져 있어서 얻을 것이 없는 것이다.

12연기란 중생들이 생로병사의 고통스런 삶을 되풀이하는 원인에 대한 분석이다. 그 첫 원인이 바로 무명無明이고, 그로 인해서 생로병사가 있게 된다. 무명이란 범어 아위드야avidyā의 번역어로 인간을 괴롭히는 근본적인 어리석음을 가리킨다.

무명이 있으면 거기에 따른 잘못된 의지작용이 있게 된다. 그것이 행行이다. 행이 있어서 분별작용인 식識이 생기고, 자기가 분별(식)하여 알고 있는 것에 대하여 관념적인 세계(名)가 있고 물질적인 세계(色)가 있게 된다. 명색을 연으로 하여 육입六入·촉觸·수受·애愛·취取로 이어져 생사가 있게 되는 것이다. 그것이 바로 12연기이다.

이 12연기도 실은 모든 존재의 윤회를 규명하여 그들을 해탈케 하려고 설해진 것이다. "이것이 있으므로 저것이 있다. 이것이 일어나므로 저것이 일어난다. 이것이 없으므로 저것이 없다. 이것이 멸하므로 저것이 멸한다"(『잡아함』 제10)는 연기법의 근본원리에 의해 12연기도 전개되는 것이다. 12연기를 통하여 볼 때 중생들의 고통의 근본 원인은 무명이고, 결과는 늙음·죽음·근심·슬픔·고뇌(老死憂悲苦惱)로 나타난다.

사성제四聖諦는 '네 가지 성스러운 진리'를 뜻하는 말로 불교의 가장 기본이 되는 교리이다. 여기서 제諦라는 말은 범어 사트야 satya의 번역으로 일반적으로 승인된 진리를 의미한다. 즉 그렇다고 인정될 수밖에 없는 보편타당한 진리라는 뜻이다. 부처님이 깨달은 후 45년의 전법교화가 바로 사성제의 실천이었다.

인간을 고통에서 건져내려는 작업이 바로 사성제 법문이다. 그 중 첫 번째는 인생살이에 고통이 따른다는 것을 자각하는 것이다. 그것을 고성제苦聖諦라고 한다. 우선 당장은 즐거운 일로 생각되고 애지중지하는 것들이 영원하지 않아 언젠가는 고통을 가져다준다는 자각이다. 현실에 대한 정확한 진단이다.

그 다음은 모든 고통에는 다 원인이 있다는 자각이다. 그것을 집성제集聖諦라 한다. 바로 그 원인은 탐내는 마음(탐)·화내는 마음(진)·어리석음(치)이라는 세 가지의 번뇌 때문이다. 이 세 가지 번뇌는 사람을 고통으로 몰아넣는 독이 된다 하여 삼독심三毒心이라 부른다.

　고통이 멸한 상태를 아는 것을 멸성제滅聖諦라고 한다. 삼독심이 없어지면 고통이 없는 열반의 세계가 열린다. 열반은 범어 니르바나nirvāna의 소리말로 번뇌의 불을 입으로 불어서 끈 상태를 의미한다. 즉 열반이란 탐진치 삼독심의 소멸로 오는 고통이 없는 즐거운 상태를 말한다. 불교가 추구하는 궁극적인 목표는 열반을 얻는 데에 있다.

　열반의 세계에 이를 수 있는 실천방법이 바로 도성제道聖諦이다. 도성제란 고통을 없애기 위한 수행법이다. 부처님은 깨달음을 얻은 후 행한 첫 설법(초전법륜)에서 사성제를 설하셨는데, 그중 도성제의 내용으로 설한 법이 팔정도八正道이다. 팔정도란 '열반에 이를 수 있는 여덟 가지의 바른 길'로 바른 견해(정견正見)·바른 생각(정사유正思惟)·바른 말(정어正語)·바른 행동(정업正業)·바른 생활 수단(정명正命)·바른 노력(정정진正精進)·바른 기억(정념正念)·바른 선정(정정正定)의 8가지이다. 나중에는 팔정도 외에도 여러 가지 수행법이 첨가되어 37조도품助道品이 제시되는데, 이들은 모두 고통을 가져오는 번뇌를 없애기 위한 수행법이다.

　사성제 법문은 연기법을 현실적인 삶과 연결하여 조직화하고 체계화한 실천적인 의미의 법문이다. 「반야심경」에서 5온·12처·18계·12연기·4성제 등을 부정하는 무無를 앞세우고 있는 것은 단순히 '없다'라고 말하기 위한 것이 아니라, 열반의 경지에서 보면 그

러한 것들조차 궁극적으로는 공하기 때문에 매달리지 말라는 것을 의미한다. 「반야심경」에서 설하고 있는 부정은 고정관념으로 차별하고 분별하는 분별지分別智를 타파하는 데 그 목적을 두고 있다. 그래서 무분별지인 반야바라밀을 성취해서 완전한 깨달음을 이루자는 것이다.

이무소득고 보리살타 의반야바라밀다고 심무가애 무가애고 무유공포 원리전도몽상 구경열반 삼세제불 의반야바라밀다 고득아뇩다라삼먁삼보리

以無所得故 菩提薩陀 依般若波羅蜜多故 心無罣碍 無罣碍故 無有恐怖 遠離顚倒夢想 究竟涅槃 三世諸佛 依般若波羅蜜多 故得阿縟多羅三漠三菩提

얻을 것이 없는 까닭에 보살은 반야바라밀다를 의지하므로 마음에 걸림이 없고, 걸림이 없으므로 두려움이 없어서, 뒤바뀐 헛된 생각을 멀리 떠나 완전한 열반에 들어가며, 삼세의 모든 부처님도 반야바라밀다를 의지하므로 최상의 깨달음을 얻느니라.

집착과 욕심 때문에 마음에 걸림이 생기고, 두려움을 느끼며, 번뇌 망상을 일으키고, 업을 지어 생사윤회를 하게 되는 것이다. 반야바라밀에 의해서 얻을 바가 없음을 알고 모든 집착을 비우면 그 자리에 저절로 나타나는 것이 아뇩다라삼먁삼보리이다.

'심무가애'에서 가뢰란 '걸다'라는 뜻이고 애碍란 '방해, 지장, 장애'의 뜻이다. 심무가애란 마음에 번뇌 망상이 없어서 미혹함과 깨달음(迷悟)·생사·선악 등에 속박되지 않는 것이다.

'전도몽상'에서 전도顚倒란 거꾸로 된 것을 의미한다. 즉 그른 것을 옳다 하고 옳은 것을 그르다 하는 등 현실을 제대로 이해하지 못하는 것이다. 몽상이란 현실성이 없는 허망한 생각이다. 사실과 반대로 생각하면서 헛된 꿈을 꾸는 것이 바로 전도몽상이다.

구경究竟이란 범어 웃따라uttara를 뜻글로 옮긴 것으로 지극히 높아서 위가 없는 경계를 의미한다. 열반은 초기불교에서는 번뇌의 소멸을 뜻하는 말이지만, 대승불교에서는 부처님의 본체인 법신덕法身德, 만유의 실상을 깨닫는 반야덕般若德, 지혜에 의해 참다운 자유를 얻는 해탈덕解脫德 등 열반의 세 가지 덕(涅槃三德)을 갖추는 것을 말한다. 부처님이 얻은 대열반에는 다음의 8가지 법미(八味)가 갖추어져 있다.

첫째로 시공간적으로 항상 존재한다(常住). 둘째로 환난이 멸한 상태로 마음이 고요하다(寂滅). 셋째로 늘거나 줄어듦도 없고 변화도 없다(不老). 넷째로 태어남이 없기 때문에 죽음도 없다(不死). 다섯째로 청정淸淨하다. 여섯째로 막힌 것이 없이 탁 트여 있다(虛通). 일곱째로 고요하여 흔들림이 없다(不動). 여덟째로 생사에 핍박받지 않아 즐거움만 있다(快樂).

집착 없는 평온한 마음의 상태가 열반이고, 아무런 부담 없이 행

동하는 것이 해탈이다. 해탈의 경지에 이르면 걸림이 없고(無罣碍) 두려움이 없다(無有恐怖). 집착하지 않을 때 고요한 열반이 있고 자유로운 해탈의 길이 열린다. 우리가 현실 속에서 만나는 고통과 괴로움은 실체로 있는 것이 아니라 맹목적으로 매달리고 집착하는 마음에서 생기는 것이다.

아뇩다라삼먁삼보리는 범어 아눗따라삼먁삼보디anuttara-samyak-saṃbodhi를 소리말로 번역한 용어로 부처님의 '최상 절대의 완전한 깨달음'을 의미한다. 이를 줄여서 아뇩삼보리 또는 아뇩보리라고도 하는데, 이 단어를 분석해보면 아눗따라anuttara는 무상無上의, 삼먁samyak은 바른, 완전한, 삼보디saṃbodhi는 깨달음이라는 뜻을 가진 합성어이다. 그래서 한역으로 무상정등정각無上正等正覺, 무상정변지無上正偏智, 무상정진도無上正眞道라 번역된 낱말이다.

고지반야바라밀다 시대신주 시대명주 시무상주 시무등등주
능제일체고 진실불허 고설반야바라밀다주 즉설주왈
故知般若波羅蜜多 是大神呪 是大明呪 是無上呪 是無等等呪
能除一切苦 眞實不虛 故說般若波羅蜜多呪 卽說呪曰
그러므로 반야바라밀다는 가장 신비한 주문이고, 가장 밝은 주문이며, 가장 높은 주문이고, 무엇과도 견줄 바 없는 주문이어서 온갖 괴로움을 없앨 수 있고, 진실하여 허망하지 않음을 알아야 하느니라. 그러므로 반야바라밀다주를 말하노니 주문은 곧 이러하다.

반야바라밀다를 주문呪文으로 결론내리고 있다. 주문이 신비로운 힘이 있어 우리가 원하는 것을 이루게 해주듯이 반야바라밀다도 그렇다는 것이다. 주呪는 범어 만뜨라mantra의 역어로 깨닫도록(思念, man) 하는 물건(器物, tra)을 뜻하는 말이다. 주呪에는 불가사의하고 신령스런 힘이 있다고 여겨졌다. 주문처럼 반야바라밀다도 역시 그러한 신비로운 힘을 가지고 있다는 것이다.

대신주大神呪는 원어 마하만뜨라mahāmantra의 번역으로, 여기서 말하는 대(大, mahā)는 상대적인 것이 아닌 절대적인 대를 의미한다. 반야의 지혜가 일체의 장애를 없애주고 그 지혜로 얻게 되는 바가 많기 때문에 크게 신통한 주문(대신주)이라고 한 것이다. 또 반야의 지혜가 무명을 없애주고 두루 비추어 그대로를 살필 수 있게 하여 중생의 어리석음을 깨뜨려주기 때문에 크게 밝은 주문(대명주大明呪)라고 정의 내리고 있다. 또 무상정등정각無上正等正覺을 얻게 하는 최고의 주문이라는 뜻으로 무상주無上呪라고 한다. 그래서 반야바라밀은 무엇과도 비교될 수 없는 주문(무등등주無等等呪)이며, 모든 고액을 제거해줄 수 있다고 한다.

다시 말하면 반야바라밀다가 내용적으로는 대신주와 대명주의 역할을 하여 깨달음을 가져다주며, 다른 것과 비교하면 무상주이

고 무등등주에 해당한다는 것이다. 그리고 공용功用 면에서 보면 이 반야바라밀다는 '일체의 고액을 없애고 또한 진실하며 결코 허망함이 없다'고 한다.

일체의 괴로움에서 벗어나게 한다는 것은 이제까지 관자재보살이 행하였던 반야바라밀다의 공덕임과 동시에 구경에 증득하는 값진 열매이기도 하다. 공의 이치를 증득한 사람에게는 괴로움이 있을 수 없기 때문이다.

고대 인도인들은 주문을 열심히 외우면 구하는 바를 얻는다고 생각하였다. 반야바라밀에 의해서 깨달음을 얻으면 고통에서 벗어날 수 있다. 그러므로 반야바라밀은 주문과 같은 효능이 있다고 생각한 것이다.

아제아제 바라아제 바라승아제 모지 사바하
揭諦揭諦 波羅揭諦 波羅僧揭諦 菩提 娑婆訶 (3번)

반야바라밀을 얻게 하는 구체적인 방법으로 '아제아제 바라아제 바라승아제 모지사바하'라는 주문을 외울 것을 제안하고 있다.

한역 역경가들은 주문을 해석하면 신비스러운 힘이 없어진다고 생각하였기 때문에 이를 번역하지 않고 그대로 음을 옮겼다. 진언은 수천 년 전의 고어(범어)를 그대로 음사하여 적어 놓았기 때문에 현대어로 정확한 해석이 불가능한 경우가 많다. 본 진언도 여러 가지로 해석이 가능하지만 대략적인 뜻은 "가는 이여, 가는 이여, 저 언덕으로 가는 이여, 저 언덕으로 온전히 가는 이여! 깨달음이여 영원하여라. 사바하"이다. 사바하svāhā란 소원성취를 비는 주문 마지막에 놓는 비밀스런 말(秘語)이다.

「반야심경」은 사물의 본질이 공한 것임을 알아서 사물과 경계에 현혹되어 집착하지 말고 중생심이 만든 경계의 벽을 허물어 버리라는 실천적인 가르침이다. 인간이 바꿀 수 있는 것은 오직 자기 마음 한 가지뿐이다. 불법의 가르침은 반야의 지혜로 본질을 보아 사물에 집착하는 분별심을 텅 비우도록 하여 자신의 마음을 편안하게 갖도록 하는 것이다.

3.『천수경』해설

『천수경千手經』은 한국 불자에게 가장 친숙한 경전으로 관세음보살의 자비를 찬양하는 밀교 계통의 경전이다. 우리가 독송하는 현재의『천수경』은 인도에서 전해진 원문 그대로의 경전은 아니고, 『천수천안관세음보살광대원만무애대비심다라니경千手千眼觀世音菩薩廣大圓滿無礙大悲心陀羅尼經』을 모본으로 하여 그 내용의 일부를 생략하고 다른 경전에서 발췌한 경문을 첨가하여 우리나라에서 새롭게 편집한 우리만의 독자적인 경전이다.

천수千手라는 말은『천수경』에 등장하는 관세음보살이 어떤 보

살인지를 잘 설명해준다. 천수는 천 개의 손으로 중생을 보살펴주는 자비를 의미한다. 더 정확히 말하면 천수천안千手千眼의 줄인 말이다. 천수천안은 천 개의 손과 천 개의 눈으로, 중생들의 아픔을 살펴보면서 그들의 아픔을 거두어 고통에서 벗어나게 해주기 위한 자비의 도구이다. 그 정도로 대자비심이 넘쳐흐르는 보살이 바로 관세음보살이다. 『천수경』은 관세음보살의 자비행을 예찬하면서 우리로 하여금 자비의 실천을 통하여 스스로 그러한 보살이 될 것을 노래하는 경전이다.

불교 하면 가장 먼저 떠오르는 것이 자비이다. 관세음보살은 바로 그 자비를 상징하는 보살이다. 그중에서도 천수관음은 한없는 자비를 강조하여 붙여진 이름이다. 불교의 자비는 인간에게만 한정되는 것이 아니다. 불교의 자비사상은 동물은 물론이고 식물, 더 나아가 생태계 전체를 다 포괄하는 가르침이다. 그러므로 모든 생명체가 다 자비의 대상에 포함된다. 이러한 불교의 자비는 지구 구원을 위한 희망의 빛이라고 할 수 있다. 탐진치에 빠져 있는 현 인류와 상처받은 지구를 구할 수 있는 유일한 가르침이 바로 자비를 근본으로 하는 불교의 가르침이며 윤리인 것이다.

『천수경』은 세 부분으로 구성되어 있다. 그중 핵심은 '신묘장구대다라니'로 삼보와 관세음보살에게 귀의하고 그 덕을 찬탄하며 가피를 기원하는 내용이다. 이 다라니를 중심으로 하여 앞부분은 다라니에 들어가기 전에 갖추어야 될 예경의식이고, 뒷부분은 참회와 발원으로 이루어져 있다. 경의 독송은 정구업진언으로부터 시작된다.

정구업진언淨口業眞言

수리수리 마하수리 수수리 사바하 (3번)

어느 경이든 독송하기 전에 반드시 정구업진언을 먼저 외운다. 입으로 지은 업(口業)을 깨끗이 하기 위해서인데, 이는 경을 대하기 전에 기본적으로 가다듬어야 할 마음가짐이기 때문이다.

우리는 날마다 업을 지으며 살아가고 있다. 생각과 말과 행동으로 업을 짓는 것이다. 그중에서도 말로 짓는 업을 구업口業이라 한다. 일상생활에서 말처럼 많은 영향을 미치는 것은 없다. 그래서 입을 화의 문이라고 하고, 한마디 말로 천 냥 빚을 갚는다고도 한다. 말이 씨가 된다고 하기도 하고 때로는 격려하는 말 한마디가 사람의 인생을 바꿔 놓기도 한다.

말은 생각의 표현이기도 하지만 생각을 지배하기도 한다. 그래서 함부로 했던 지난날의 말을 참회하고 앞으로는 참된 말을 하겠는 다짐으로 경을 읽기 전에 항상 정구업진언인 '수리수리 마하수리 수수리 사바하'를 세 번 외운다. 그 뜻은 "영광되고 영광된 위대한 영광의 임이시여, 뛰어난 영광의 임이시여, 그 영광이 원만히 성취되게 하소서(사바하)"이다.

오방내외안위제신진언五方內外安慰諸神眞言

나무 사만다 못다남 옴 도로도로 지미 사바하 (3번)

　'오방내외안위제신진언'은 주위에 있는 모든 신들을 편안하게 모시는 진언이다. '오방'은 동서남북과 중앙을, '내외'란 내 몸의 안과 밖을 뜻한다. 따라서 오방내외는 모든 방위를 가리킨다.

　불교에서 말하는 신은 유일신의 종교에서 믿는 그런 신이 아니다. 천상·인간·수라·축생·아귀·지옥이라는 육도六道를 윤회하는 중생 중 하나로 천상계에 사는 존재이다. 천상의 과보가 끝나면 다시 다른 세계의 몸을 받아야 할 한시적인 생명을 가진 존재이다. 여기서 말하는 신은 불법의 수호신인 화엄성중華嚴聖衆을 의미한다.

　'나무 사만다 못다남 옴 도로도로 지미 사바하'의 의미를 살펴보면 "일체의 각자覺者들께 귀의합니다. 옴! (수레를 타고) 달리소서. 달리소서. 내려오시도다. 영광이 있기를!"(정각, 『천수경연구』 참조)이다. 옴은 고대 인도에서 종교적인 의식 전후에 암송하던 신성한 음이었다. 불교에서는 옴을 태초의 소리, 우주의 모든 진동을 응축한 소리로 간주하고 있다.

개경게開經偈

무상심심미묘법無上甚深微妙法　백천만겁난조우百千萬劫難遭遇

아금문견득수지我今聞見得受持　원해여래진실의願解如來眞實意

높고 높으며 깊고 깊은 미묘한 법문이여!
백천만겁 지나도록 만나기도 어려운데
제가 지금 듣고 보며 받아서 지녔으니
부처님의 진실한 뜻 알아듣길 원합니다.

'개경게'란 경을 펼치기 전에 경의 공덕을 찬미하는 게송이다. 경에 대한 지극한 신심을 갖고 찬탄을 할 때 신묘장구대다라니를 외우는 효과가 있다고 생각하기 때문이다.

여기서 말하는 무상심심미묘법은 바로 신묘장구대다라니를 말한다. 신묘장구대다라니를 최고의 진리라고 생각하는 것이다. 그 내용은 자비의 가르침이다. 이러한 참된 법은 만나기도 어려운데 이제 듣고 보고 얻어서 지녔으니 이 대다라니를 통해서 부처님의 진실한 뜻을 알 수 있길 바란다고 경을 펴면서 발원한다.

불교에서는 만나기 어려운 세 가지가 있다고 말한다. 육도六道의 뭇 생명 가운데 사람으로 태어나기 어렵고, 사람의 몸을 받더라도 불법 만나기 어렵고, 불법을 만나더라도 정법正法 만나기가 참으로 어렵다고 한다. 그것을 '눈먼 거북이가 나무를 만나는 것(맹구우목 盲龜遇木)'의 비유로 설명한다. 바다에 사는 눈 먼 거북이가 숨을 쉬러 백 년에 한 번씩 물 위로 올라오는데, 그때 물에 떠다니는 구멍 뚫린 나무를 만나서 그 구멍에 목을 내밀 수 있는 확률처럼 어렵다는 것이다.

개법장진언開法藏眞言

옴 아라남 아라다 (3번)

'법장'이란 법의 창고, 진리의 창고이다. 부처님의 말씀을 적은 경전을 의미한다. '옴 아라남 아라다'는 "옴, 깊고 깊은 가르침을 깨닫게 하소서!"라는 뜻이다.

천수천안관자재보살광대원만무애대비심대다라니 계청
千手千眼觀自在菩薩廣大圓滿無礙大悲心大陀羅尼 啓請

'천수천안관자재보살광대원만무애대비심대다라니'는 바로 '신묘장구대다라니'를 말한다. 그리고 '계청'은 여는 것을 허락해달라는 말이다. 따라서 '천수천안관자재보살광대원만무애대비심대다라니 계청'은 신묘장구대다라니에 들어가기 전에 미리 관세음보살과 다라니를 찬탄하면서 일으킨 원을 들어줄 것을 청원하는 것이다.

'천수천안관자재보살광대원만무애대비심대다라니'라는 이름 속에서 우리는 이 다라니의 성격을 살필 수 있다. 첫째로 천수천안을 가진 관자재보살에 대한 다라니라는 것을 알 수 있다. 둘째로는 그 내용이 광대하고 원만하다는 것이다. 원만은 원통圓通과 같은 뜻으로 절대 진리는 모든 것에 통한다는 말이다. 관세음보살의 덕이 그러하기 때문에 관세음보살을 모신 전각을 원통전圓通殿이라고도 부른다. 셋째로는 자비의 실천에 걸림이 없다는 것(無礙大悲心)이다.

그리고 이와 같이 신통하고 묘(神妙)한 공덕이 있기 때문에 신묘하다는 수식어를 붙여 간단히 '신묘장구대다라니'라고 흔히 부른다. 즉 이 다라니를 받아 지녀 독송해서 내 마음과 행동이 바뀌면 헤아릴 수 없는 불가사의한 일이 일어나기 때문에 신묘라고 한 것이다.

이 다라니는 여러 가지 이름을 가지고 있다. 줄여서 광대원만다라니, 무애대비다라니라고도 하고, 경의 신통한 공덕에 따라 괴로움을 없애준다고 해서 구고救苦다라니, 병을 고쳐서 오래 살게 해주므로 연수延壽다라니, 나쁜 업을 지어서 받게 되는 고통스런 과보를 소멸시켜주기 때문에 파악업破惡業다라니, 원하는 바를 이룰 수 있게 해주므로 만원滿願다라니, 마음의 자유를 주기 때문에 수심자재隨心自在다라니, 수행의 경지를 뛰어넘어 빨리 깨닫게 해주기 때문에 속초상지速超上地다라니 등으로 불린다. 그밖에도 천수주, 대비주, 관음주력 등으로 간단히 부르기도 한다.

다음에 나오는 "계수관음대비주~소원종심실원만"까지의 16구절은 관세음보살과 대비주에 대한 찬탄과 귀의의 내용이다.

계수관음대비주稽首觀音大悲呪 원력홍심상호신願力弘深相好身

천비장엄보호지千臂莊嚴普護持 천안광명변관조千眼光明遍觀照

관음보살 대비주께 머리 숙여 절합니다.

위대하신 원력으로 거룩한 상 갖추시고

일천 팔로 온 누리를 보호하여 거두시며

일천 눈의 광명으로 뭇 중생을 살피오며

이어서 관세음보살의 이타행利他行에 대한 찬탄이 이어진다.

진실어중선밀어眞實語中宣密語 무위심내기비심無爲心內起悲心

속령만족제희구速令滿足諸希求 영사멸제제죄업永使滅除諸罪業

진실하신 말씀으로 비밀한 뜻 베푸시고

하염없는 마음으로 자비심을 일으키십니다.

온갖 소원 어서 빨리 모두 다 이루게 하옵시고

저희들의 모든 죄업 깨끗하게 하옵소서.

여기서 무위심無爲心이란 자비행을 하면서도 그런 행을 한다는 생각조차 하지 않는 마음이다. 중생을 구제하고 있다는 생각조차도 떠난 이타행을 말한다. 이타행의 실천은 보시행으로 나타난다. 불교는 보시행에서 삼륜청정三輪淸淨을 강조한다.

삼륜청정이란 보시를 행할 때 베풀어주는 사람(施者)은 마음에 베푼다는 생각이 없어야 하고, 받는 사람(受者)이 받는 것조차도 느끼지 않게 하여야 하며, 그때 오고가는 물건(施物)이 깨끗해야 한다는 것이다. 이러한 보시를 불교에서는 마음에 두지 않는(무주상無住相) 보시라 하여 최고의 보시로 생각하고 있다. 관세음보살에 대한 찬탄을 마치면서 뒤이어 천수다라니를 독송함으로써 얻게 될 공덕을 다음과 같이 말하고 있다.

> 천룡중성동자호天龍衆聖同慈護 백천삼매돈훈수百千三昧頓熏修
> 수지신시광명당受持身是光明幢 수지심시신통장受持心是神通藏
> 천룡팔부 성중들이 저희들을 보살펴
> 백천 삼매 한꺼번에 닦아지게 하소서.
> 대비주를 지닌 이 몸 광명의 깃발이며
> 대비주를 지닌 마음 신통의 곳간이니

천수다라니를 독송하면 천룡 등의 신의 무리들이 보호해준다고 한다. 또한 이것을 지니고 독송하면 삼매에 들게 되고, 몸과 마음을 가볍게 하여 신령스런 힘이 생기게 된다고 한다. 천룡이란 천룡팔부를 말하는데, 고대 인도인들의 상상의 동물로 천신, 용, 야차, 건달바, 아수라, 가루라, 긴나라, 마후라가를 말한다. 이들은 불교에 수용되어 불법의 수호신이 되었다. 야차는 북방을 수호하는 비사문천왕의 권속이고, 건달바는 제석천을 모시고 악기를 연주하는 신이고, 아수라는 툭하면 화를 잘 내는 신의 일종이다. 가루라는

235

금시조로 용을 잡아먹고 사는 상상 속의 새이고, 긴나라는 아름답고 고운 목소리를 가졌으며 춤과 노래를 잘하는 악신樂神이고, 마후라가는 몸은 사람이고 머리는 뱀의 모습을 한 신이다.

세척진로원제해洗滌塵勞願濟海 초증보리방편문超證菩提方便門
아금칭송서귀의我今稱誦誓歸依 소원종심실원만所願從心悉圓滿
세상번뇌 씻어내고 생사고해 어서 건너
깨달음의 방편문을 속히 얻게 하옵소서.
제가 이제 칭송하며 귀의할 것 맹세하니
바라는 일 마음 따라 다 이루게 하옵소서.

번뇌(塵勞)를 모두 없애면 고통이 없어지고 원하는 것이 모두 이루어진다. 그렇다. 욕심내고 화를 내는 마음과 어리석은 마음이 없으면 이루지 못할 일이 없다. 욕심은 능력에 벗어나는 일을 무리하게 이루려 하고 노력하지 않으면서 얻으려는 마음이다. 그런 마음으로 이룰 수 있는 일은 없다. 그러니 화를 낼 수밖에 없다.

이제부터의 내용은 신묘장구대다라니를 지송해야 할 사람들이 먼저 발해야 하는 열 가지 서원(十願)이다. 그 다음의 내용은 자기가 향向하여 나아가는 여섯 곳에 머무는 중생들이 고통에서 빨리 벗어나길 간절히 원하는 것이다. 이것을 십원육향十願六向이라고 말한다. 그러면 먼저 열 가지 서원을 보기로 하자.

나무대비관세음南無大悲觀世音

대자대비하신 관세음보살님께 귀의합니다.

원아속지일체법願我速知一切法

제가 일체의 모든 진리 빨리 깨닫게 하소서.

나무대비관세음南無大悲觀世音

대자대비하신 관세음보살님께 귀의합니다.

원아조득지혜안願我早得智慧眼

제가 지혜의 밝은 눈을 속히 얻게 하옵소서.

나무대비관세음南無大悲觀世音

대자대비하신 관세음보살님께 귀의합니다.

원아속도일체중願我速度一切衆

제가 모든 중생들을 빨리 제도하게 하옵소서.

나무대비관세음南無大悲觀世音

대자대비하신 관세음보살님께 귀의합니다.

원아조득선방편願我早得善方便

제가 묘한 방편 빨리 얻어지게 하옵소서.

나무대비관세음南無大悲觀世音

대자대비하신 관세음보살님께 귀의합니다.

원아속승반야선願我速乘般若船

제가 지혜의 배에 속히 오르게 하옵소서.

나무대비관세음南無大悲觀世音

대자대비하신 관세음보살님께 귀의합니다.

원아조득월고해願我早得越苦海

생사의 고통바다 어서 빨리 건너게 하옵소서.

나무대비관세음南無大悲觀世音

대자대비하신 관세음보살님께 귀의합니다.

원아속득계정도願我速得戒定道

계 지키고 선정 닦음을 속히 이루게 하옵소서.

나무대비관세음南無大悲觀世音

대자대비하신 관세음보살님께 귀의합니다.

원아조등원적산願我早登圓寂山

생사 없는 열반산에 빨리 오르게 하옵소서.

나무대비관세음南無大悲觀世音

대자대비하신 관세음보살님께 귀의합니다.

원아속회무위사願我速會無爲舍
진리의 집으로 어서 빨리 모이게 하옵소서.

나무대비관세음南無大悲觀世音
대자대비하신 관세음보살님께 귀의합니다.
원아조동법성신願我早同法性身
여래의 몸 어서 빨리 얻어지게 하옵소서.

천수다라니를 지녀서 외우기(持誦) 전에 갖춰야 할 마음가짐으로, 모든 중생들에게 자비심을 일으켜야 하고 그들을 향해 서원을 세워야 한다고 말하고 있다. 자비의 마음과 함께 위의 열 가지 원을 먼저 세운 다음 간절히 천수다라니를 지송하라는 것이다. 그런 원을 세우기 전에 관세음보살에게 귀의(南無)하는 것이 우선이다. 그래서 원을 말하기 전에 매번 관세음보살에 대한 귀의를 먼저 다짐한다. 앞의 네 가지 원은 남들을 위한(利他) 원이다. 진리를 알고 지혜를 얻어 중생을 제도하겠다는 원을 먼저 세운다. 남을 위한 원을 앞세운 다음 자신을 위한(自利) 여섯 가지 원을 말하고 있다.

중생을 제도하기 위해서는 여러 가지 좋은 방법(善方便)을 동원해야 한다. 그중 하나가 변신술이다. 그것을 응신應身이라 한다. 누군가의 요청이 있으면 그에 응답하여 필요한 몸이 되어 나타나되 자신을 고집하지 않고, 남이 변하기를 바라지 않으며, 자기 자신이

먼저 변하여 온전히 상대방의 입장이 되어 나타나는 몸이 응신이다. 이는 대자비심이 있기에 가능한 일이다.

관세음보살은 필요에 따라 자신을 33가지 몸으로 변화(응신)시킨다. 부처가 필요한 이에게는 부처의 모습으로, 어린이로 대할 사람에게는 어린이가 되어 나타난다. 언제나 중생이 원하는 바에 따라 갖가지 모습을 보인다. 불교의 사회적인 책무가 무엇인지 『천수경』은 말해주고 있다. 배움이 필요한 사람에게는 선생님이 되어야 하고, 몸에 병이 있는 중생에게는 의사가 필요한 것이다. 만약 사회제도가 중생에게 고통을 가져다준다면 그러한 제도를 개선시키는 작업에 앞장서야 한다.

그것이 바로 좋은 방편(선방편)이다. 세상을 교화하기 위해 자신을 고집하지 않고 중생의 근기에 맞추어 변화된 모습으로 나타나므로 보문시현普門示現이라고 한다. 그래서 관음정근을 시작하기 전에 관세음보살의 이름 앞에 "온 세상에 두루 나타나서 넓고 깊은 원력으로 큰 자비를 베푸시어 온갖 고난에서 구해주시는(보문시현 원력홍심 대자대비 구고구난普門示現 願力弘心 大慈大悲 救苦救難)"이라는 수식어가 붙는 것이다.

반야선般若船이란 지혜의 배이다. 진리를 바로 볼 수 있는 지혜가 없이는 고통의 바다를 건널 수 없다. 그래서 지혜의 배를 타야 한다. 그렇지만 고통의 바다를 건너는 데 오로지 반야만 필요한 것은 아니다. 다른 수단을 통해서도 가능하다. 그래서 대승불교는 수행 덕목으로 6바라밀을 강조한다. 보시報施·지계持戒·인욕忍辱·정진精進·선정禪定·지혜智慧의 6가지 중 어느 하나만 충실히 닦아도 깨달음에 이를 수 있다. 다만 여기서는 6바라밀 중 지혜를 대표로 내세웠을 뿐이다.

계정도戒定道란 계정혜 삼학을 말한다. 삼학이란 계를 잘 지키고 마음의 안정(定)을 얻어 지혜(慧)의 눈이 열릴 수 있는 길을 닦는 것이다. 계를 통하여 탐욕(탐)을, 정을 통하여 노여움(진)을, 지혜를 통하여 어리석음(치)의 삼독심을 없애서 열반(圓寂)을 얻어야 모든 행동이 자유스런 무위의 집(無爲舍)을 만날 수 있다. 무위는 집착이 없고, 무아無我이며, 무소유의 마음이다.

불교의 궁극적인 목표는 중생을 제도하여 고통을 없애주는 데 있다. 그래서 관세음보살은 고통 받는 중생들의 여섯 세계를 찾아 나선다. 이를 육향六向이라 하는데, 다음과 같다.

아약향도산我若向刀山 도산자최절刀山自催折

칼산지옥 내가 가면 칼산 절로 무너지고

아약향화탕我若向火湯 화탕자소멸火湯自消滅

화탕지옥 내가 가면 화탕 절로 말라지고

아약향지옥我若向地獄 지옥자고갈地獄自枯渴

모든 지옥 내가 가면 지옥 절로 없어지고

아약향아귀我若向餓鬼 아귀자포만餓鬼自飽滿

아귀세계 내가 가면 아귀 절로 배부르고

아약향수라我若向修羅 악심자조복惡心自調伏

수라세계 내가 가면 악한 마음 항복되고

아약향축생我若向畜生 자득대지혜自得大智慧

짐승세계 내가 가면 지혜 절로 생겨지이다.

불교에서는 중생이 목숨을 마치면 각자 지은 업에 따라 다시 몸을 받게 되는데, 착한 일을 많이 한 사람은 천상이나 인간 세상에 태어나고 악한 업을 지은 사람은 그 정도에 따라서 수라 혹은 지옥, 아귀, 축생 등의 삼악도三惡道에 태어난다고 한다. 관세음보살은 그중 고통이 극심한 여섯 종류의 세계를 먼저 향한다. 그것을 6향向이라 한다. 관세음보살은 고통 받는 중생들을 구제하겠다고 스스로 발 벗고 나선 보살이기 때문이다.

불교에는 온몸을 칼로 찌르는 칼산지옥과 뜨거운 불이 이글거리는 지옥 등 수많은 종류의 지옥과 고통스런 세계가 있다. 관세음보살은 그런 곳에서 고통받고 있는 중생들을 모두 건져내겠다는 원을 세웠다. 아귀의 몸을 받아 배고픔과 목마름으로 고통받는 중생들, 짐승의 몸을 받아 어리석음으로 고통받는 중생들, 수라의 몸을 받아 툭하면 화내고 남과 싸우며 고통받는 중생들, 그들이 고통의 세계에서 빨리 벗어나기를 바라고 있다.

관세음보살이 그들 모두를 구제하겠다는 원을 세웠듯이 천수다

라니를 지송하는 천수행자도 역시 그렇게 발원을 해야 한다. 이러한 발원이 끝나고 아래에 나오는 여러 보살과 아미타불에게 간절히 귀의하고 신묘장구대다라니를 21번 혹은 49번 외우면 백만억겁의 생사중죄가 소멸된다고 한다.

나무관세음보살마하살南無觀世音菩薩摩詞薩
관세음보살 큰 보살님께 귀의합니다.
나무대세지보살마하살南無大勢至菩薩摩詞薩
대세지보살 큰 보살님께 귀의합니다.
나무천수보살마하살南無千手菩薩摩詞薩
천수보살 큰 보살님께 귀의합니다.
나무여의륜보살마하살南無如意輪菩薩摩詞薩
여의륜보살 큰 보살님께 귀의합니다.
나무대륜보살마하살南無大輪菩薩摩詞薩
대륜보살 큰 보살님께 귀의합니다.
나무관자재보살마하살南無觀自在菩薩摩詞薩
관자재보살 큰 보살님께 귀의합니다.
나무정취보살마하살南無正趣菩薩摩詞薩
정취보살 큰 보살님께 귀의합니다.
나무만월보살마하살南無滿月菩薩摩詞薩
만월보살 큰 보살님께 귀의합니다.

나무수월보살마하살南無水月菩薩摩訶薩

수월보살 큰 보살님께 귀의합니다.

나무군다리보살마하살南無軍茶利菩薩摩訶薩

군다리보살 큰 보살님께 귀의합니다.

나무십일면보살마하살南無十一面菩薩摩訶薩

십일면보살 큰 보살님께 귀의합니다.

나무제대보살마하살南無諸大菩薩摩訶薩

모든 보살 큰 보살님께 귀의합니다.

나무본사아미타불南無本師阿彌陀佛 (3번)

본사 아미타부처님께 귀의합니다.

이름이 각각 다른 여러 보살에 대한 귀의이다. 그런데 알고 보면 대세지보살을 제외한 나머지 보살은 모두 관세음보살의 다른 이름이다. 결국은 『천수경』의 주인공인 관세음보살과 아미타불과 대세지보살(미타삼존彌陀三尊)에 대한 귀의인 것이다.

부처님의 양 옆에는 항상 시중드는 보살이 있다. 그들을 협시脇侍보살이라고 부르는데 관세음보살과 대세지보살은 바로 아미타불의 협시보살이다. 그러므로 이들 세 분은 한 식구인 셈이다. 관세음보살은 아미타불의 자비를, 대세지보살은 지혜를 상징한다. 지혜광명이 모든 중생에게 비치어 삼악도를 여의게 하고 위없는 힘을 얻게 하는 보살이 바로 대세지보살이다.

여의륜보살은 관세음보살의 또 다른 이름이다. 손에 여의주如意珠와 보배바퀴(寶輪)를 들고 있어서 여의륜보살이라 한다. 여의주는 중생의 소원을 다 들어주겠다는 뜻이며, 보배바퀴는 부처님의 법을 굴린다는 의미이다. 여의륜보살은 중생의 소원을 들어주면서 자유자재하게 진리를 말씀해주시는 보살이다.

마하살은 범어 마하사뜨와mahāsattva의 소리 번역으로 위대한 중생이라는 뜻이다. 한자로는 대사大士로 번역한다. 관세음보살은 중생을 위하여 노력하는 것이 너무 위대하고 원력이 크기 때문에 다시 한 번 강조해서 마하살이라고 한 것이다.

대륜보살은 대륜금강大輪金剛을 말한다. 번뇌를 끊는 지혜와 법력을 가지고 있어서 대륜이라고 한 것이다. 손에 세 가지가 달린 3고鈷의 금강저金剛杵를 들고 보리심을 재촉하는 관음이다. 금강저는 중생의 번뇌를 부숴버리는, 보리심菩提心을 상징하는 도구이다.

정취보살은 관세음보살의 화신으로 『화엄경』 「입법계품」에 나오는, 해탈법문을 널리 설하는 53선지식 중의 한 분이다. 만월보살과 수월보살은 관세음보살을 달에 비유하여 부르는 이름이다. 만월보살은 관세음보살의 덕성과 권능이 보름달과 같이 모든 것에 원만하게 두루 통한다(圓通)는 것을 의미한다. 수월보살은 수면에 밝은 달이 비칠 때 그 물에 떠 있는 연꽃 위에 몸을 나투어 서 계신 관세음보살을 의미한다.

군다리보살은 일체 고액을 제도해주는 자비의 보살로 중생들의

고통과 갈증을 해소시키는 물(甘露水)이 들어 있는 감로병甘露瓶을 들고 있다. 십일면보살은 11개의 얼굴을 가진 보살이다. 앞의 세 얼굴은 자비의 표현이고, 좌측의 세 얼굴은 분노, 우측의 세 얼굴은 이가 드러난 모습, 뒤에 있는 한 얼굴은 웃는 모습이며, 정상에는 아미타불을 모시고 있다.

이러한 모습들은 중생을 제도하기 위해서는 여러 가지 방편이 필요하다는 것을 상징적으로 나타내고 있다. 아미타불은 관세음보살의 근본이 되는 스승(本師)이기 때문에 여기에서 "본사이신 아미타불께 귀의합니다(나무본사아미타불)"라고 한 것이다. 관세음보살이 이마 위의 관冠에 아미타불을 모시고 있는 것도 바로 그러한 이유에서다. 이제 드디어 『천수경』의 핵심인 신묘장구대다라니가 설해진다.

신묘장구대다라니神妙章句大陀羅尼

한역 역경가들은 진언의 신비로운 힘을 강조하고자 번역을 피하고 원어를 그대로 적어놓았다. 신묘장구대다라니도 마찬가지이다. 그 내용은 모두 관세음보살에 대한 찬탄이다.

'신묘장구대다라니'를 풀이하기 전에 우선 다라니에 대해 알아보자. 다라니란 범어 dhāraṇī의 음역으로 일종의 주문(mantra)이다. 주문은 고대 인도에서 신들에게 기원하는 성구聖句로 이것을 외우면 신들을 마음대로 움직일 수 있다고 믿었다.

주문은 불교가 성립되기 이전부터 이미 인도에서 널리 이용되고 있었다. 그러나 부처님은 처음에 이를 도입하지 않았다. 주문에 의한 마음의 평정보다는 수행에 의한 마음의 변화를 더 중요하게 여겼기 때문이다. 부처님은 교단이 성립되고 나서 나중에야 바라문 출신 비구들의 권유에 의해 독사에 물리거나 치통, 복통 등이 있을 때만 제한적으로 주문의 사용을 허락하였다. 주문(진언)이 본격적으로 불교에 등장하게 된 것은 대승불교 시대에 이르러서다.

주문(만트라)을 불교에서는 진언眞言이라고 부른다. 여래의 진실한 말씀이라는 뜻이다. 그중에서도 긴 문장이나 구절을 다라니라고 하였다. 다라니는 무량한 이치(불법)를 지니고 있다고 하여 총지總持, 각종 선법을 지닐 수 있게 한다고 하여 능지能持, 각종 악법을 막아준다고 하여 능차能遮라고도 번역한다.

다라니를 열심히 독송하면 삼매의 경지를 얻는다고 한다. 특히 밀교에서는 다라니를 신비한 힘을 갖추고 있어 한량없는 복덕을 얻게 하는 불가사의한 것으로 여겼다. 그래서 범어 원문을 발음대로 적어 그대로 독송하였다. 현재 우리가 독송하는 신묘장구대다라니는 아래와 같다.

나모라 다나다라 야야 나막알야 바로기제 새바라야 모지사다
바야 마하사다바야 마하가로 니가야 옴살바 바예수 다라나 가

247

라야 다사명 나막 가리다바 이맘 알야 바로기제 새바라 다바
니라간타 나막 하리나야 마발다 이사미 살발타 사다남 수반
아예염 살바보다남 바바말아 미수다감 다냐타 옴 아로계 아로
가 마지로가 지가란제 헤헤하례 마하모지 사다바 사마라 사마
라 하리나야 구로 구로 갈마 사다야 사다야 도로 도로 미연제
마하 미연제 다라 다라 다린나례 새바라 자라 자라 마라 미마
라 아마라 몰제 예헤헤 로계 새바라 라아미사미 나사야 나베
사미사미 나사야 모하자라 미사미 나사야 호로 호로 마라호로
하례 바나마 나바 사라사라 시리시리 소로소로 못쟈못쟈 모다
야 모다야 매다리야 니라간타 가마사 날사남 바라 하라 나야
마낙 사바하 싣다야 사바하 마하 싣다야 사바하 싣다 유예 새
바라야 사바하 니라간타야 사바하 바라하 목카 싱하목카야 사
바하 바나마 하따야 사바하 자가라 욕다야 사바하 상카 섭나
네 모다나야 사바하 마하라 구타 다라야 사바하 바마사간타
니사 시체다 가릿나 이나야 사바하 먀가라 잘마 이바 사나야
사바하 나모라 다라다라 야야 나막알야 바로기제 새바라야 사
바하

세월이 많이 변하여 과학문명이 발달한 요즘은 종교의 신비성에
쉽게 수긍하지 않는 사람들이 많아지고 있다. 이제는 종교도 달라
져야 한다. 육체와 정신은 현대에 몸담고 있으면서 종교적인 사고

를 과거에 묻어두는 것은 우스꽝스러운 일이다. 종교도 이젠 시대의 변화에 맞춰 불가사의와 신비의 옷을 벗어야 한다. 그러한 취지에서 다라니를 범어 원문에 근거하여 풀어보면 대략 다음과 같은 내용이다. 물론 언어란 시대에 따라 변하는 것이기 때문에 고대의 범어를 현대어로 정확히 옮기는 것은 불가능한 일이지만 말이다.

삼보에 귀의합니다. 대자대비의 거룩한 관자재보살대보살님께 귀의하옵니다. 옴, 모든 고난에서 구제해주시는 분, 그분께 귀의하옵니다. 이에 성관자재시여, 당신의 (중생구제의 위업으로 생긴) 청경靑頸을 우러르옵니다. (성관자재님을 찬양하여) 이 다라니를 염송하옵니다. (이 다라니는) 모든 소망을 성취하게 하고, 복을 받게 하며, 무적의 것이며, 일체중생이 윤회하는 삼유三有의 길을 청정하게 하는 것이옵니다. (이 진언은) 이러하오니

옴, 빛이여! 빛과 같은 지혜여! 세속을 초월하신 분이시여! 오소서, 관자재(하리)이시여! 대보살님이시여, (이 진언을) 기억하고 기억해 주소서. (중생 구제의 위업을) 행하고 또 행하소서! 이루고 또 이루어 주소서. 수호하고 수호해 주소서, 승리자시여, 위대한 승리자시여. 지지하고 지지해 주소서, 대지를 받치고 있는 분이시여. 움직이소서. 움직이소서. 번뇌를 여읜 청정한 임이시여! 청정한 해탈로 이끄소서! 바라옵나니 어서 오소서! 세상을 다스리는 분이시여! 탐욕을 없애 주소서. 성내는 마음을 없

애 주소서. 어리석은 마음을 없애 주소서. 번뇌를 제거하여 주소서, 연화성존 관자재(하리)이시여, 감로의 법을 주소서! 지혜의 빛이 모든 곳에 이르고 이르게 하소서! 깨달은 분이시여, 깨달은 분이시여, 깨닫게 하소서, 깨닫게 하소서! 자비로운 청경존이시여, 애욕을 성찰하시고 크게 기뻐하는 분께 공경을! 성취하게 하소서! 성취하신 분에게 비나이다. 크게 성취하신 분에게 비나이다. 성취하게 하소서. 요가를 성취하신 자재존自在尊에게 비나이다. 성취하게 하소서. 청경존이시여, 성취하게 하소서. 멧돼지의 얼굴과 사자의 얼굴을 하고 나투신 분이시여, 성취하게 하소서. 연꽃을 지닌 이여, 성취하게 하소서. 원반을 드신 분이시여, 성취하게 하소서. 소라 나팔소리로 깨어나게 하는 분이시여, 성취하게 하소서. 큰 곤봉을 지니신 분이여, 성취하게 하소서. 왼쪽 어깨에 흑 사슴 가죽을 걸치신 분이시여, 성취하게 하소서. 호랑이 가죽을 두른 분이시여, 성취하게 하소서.

삼보에 귀의하옵니다. 거룩한 관자재님께 귀의하옵니다. 성취하게 하소서.

불교는 고대 인도의 문화적인 토양 속에서 태어나 성장하였다. 신묘장구대다라니도 그러한 영향을 벗어나지 못하고 그 당시의 문화를 수용한 흔적이 역력하다. 이 다라니에는 인도의 재래신인 창조의 신 브라흐마·유지의 신 비슈누·파괴의 신 시바를 관세음보살의 화현으로 수용하여 그들의 행적을 찬탄·예배·귀의하는 내용으로 이루어져 있다.

청경靑頸이란 푸른색의 목을 의미하는데, 시바신이 세상을 구원하기 위해 독사가 바다에 뿜어낸 독을 다 마셔서 그 후유증으로 목에 푸른색이 남게 되었다 한다. 이러한 대자비는 시바신(청경존)이 바로 관세음보살의 화신임을 상징하고 있는 것이다. 비슈누신이 누워서 쉴 때면 배꼽에서 연꽃이 피어나고 그 연꽃 속에서 창조의 신 브라흐마가 태어난다고 한다. 그래서 비슈누신을 연화성존이라고 부르기도 한다.

시바신은 극도의 요가 수행을 하여 삼독심을 끊고 자재한 경지에 이르렀기 때문에 요가성취의 자재존이라고 하며, 관세음보살이 33가지의 모습으로 화현하여 중생을 구제하듯이 비슈누신도 10가지 화신으로 나타나는데 그중 멧돼지와 사자머리의 형상으로도 나타나 세상의 악을 몰아내고 질서를 바로잡는다고 한다. 비슈누신은 멧돼지 형상을 하고 대지가 바다에 침몰하는 것을 막아서 이 세상을 구원해 주었기 때문에 대지를 지탱하는 분이라고 한다. 이때 비슈누신은 자신의 상징물로 4개의 손에 연꽃, 원반, 소라나팔, 곤봉을 들고 있다.

시바신은 사슴 가죽과 호랑이 가죽을 두르고 명상을 한다. 사슴 가죽을 몸에 두르고 있다는 것은 그가 사슴이 뛰듯이 산란한 마음을 극복했음을 가리킨다. 호랑이는 오욕칠정을 상징한다. 시바신이

호랑이 가죽을 두르고 있다는 것은 그가 모든 정욕을 극복하였다는 것을 나타낸다. 신묘장구대다라니에서 이러한 신들을 예찬하는 이유는 그들이 바로 관세음보살의 화현이라고 생각하기 때문이다.

신묘장구대다라니 다음에는 찬탄, 참회, 준제진언, 그리고 발원이 이어진다. 찬탄 부분은 사방찬과 도량찬이다. 먼저 사방에 대한 찬탄으로 시작한다.

사방찬四方讚

일쇄동방결도량一灑東方潔道場　이쇄남방득청량二灑南方得淸凉

삼쇄서방구정토三灑西方俱淨土　사쇄북방영안강四灑北方永安康

첫째 동방 맑게 씻어 청정도량 이루오고

둘째 남방 맑게 씻어 시원함을 거두오며

셋째 서방 맑게 씻어 안락정토 이룩하고

넷째 북방 맑게 씻어 영원토록 평안하네.

맑게 씻는다는 말은 다라니로 번뇌를 씻어낸다는 것을 의미한다. 이는 천수다라니를 독송하고 나서 생긴 공덕이다. 또 다른 의미로는 보살행의 실천을 말한다. 내가 보살행을 하면 온 세상이 극락으로 변하게 된다. 내가 내 몫만을 늘리려 할 때 세상은 온통 고통의 세계로 변해버리는 것이다.

고대 인도인들은 방위를 향하여 찬탄하고 예배하는 풍습이 있었다. 사방에 대한 찬탄이 바로 그런 예이다. 여기서의 사방찬은 온 우주가 극락세계라는 것을 찬탄하고 있다. 천수다라니의 지송으로 온 우주가 극락이 되었다는 것이다. 내 마음이 맑아지면 온 우주가 극락인 것이다. 동방도 청결해져서 극락이 되었고, 남방도 청량하여 극락이 되었고, 서방도 안락한 극락이 되었고, 북방도 편안하고 건강(安康)하니 극락이 되었다. 이어서 도량을 찬탄하는 게송인 도량찬이 이어진다.

도량찬道場讚

도량청정무하예道場淸淨無瑕穢　삼보천룡강차지三寶天龍降此地
아금지송묘진언我今持誦妙眞言　원사자비밀가호願賜慈悲密加護
온 도량이 깨끗하여 더러운 것 없사오니
삼보님과 천룡님이 이 도량에 내리소서.
제가 지금 묘한 진언 지니어서 외우오니
자비 베푸시어 은밀히 보호하여 주옵소서.

도량이란 불도를 닦는 수행 공간, 즉 절을 말한다. 도량이 청정하여 아무런 더러움이 없어야 불법승 삼보와 불법을 수호하는 천룡팔부가 머물게 된다는 것이다. 삼보와 호법신중의 보호를 받으며 천수다라니까지 외우니 어찌 은밀한 가호가 없겠느냐는 것을 노래하고 있다. 여기서의 도량은 공간으로서의 도량만을 얘기하는

것이 아니다. 내 마음과 몸이 바로 도량이다.

불교에서는 번뇌를 흔히 티끌로 표현한다. 도량에 티끌이 없어
야 하듯이 내 마음에도 번뇌가 없어야 한다. 탐진치 삼독의 번뇌가
없으니 삼보와 호법신중이 저절로 같이 하게 된다. 천수다라니를
지송하면 마음에서 점점 번뇌가 사라진다. 그러다 보니 나의 잘못
이 보이기 시작한다. 남의 잘못이라고 생각하였던 문제들이 실은
나의 문제였다는 것이 보인다. 그러니 참회를 하는 것은 자연스러
운 일이다. 참회란 과거의 잘못을 반성하면서 앞으로는 그러한 과
오를 범하지 않겠다는 약속이다.

참회게懺悔偈

아석소조제악업我昔所造諸惡業 개유무시탐진치皆由無始貪瞋癡
종신구의지소생從身口意之所生 일체아금개참회一切我今皆懺悔
아득히 먼 옛날부터 내가 지은 모든 악업
모두다 탐진치로 말미암아 생기었고
몸과 입과 뜻을 따라 무명으로 지었기에
내 이제 진심으로 모두 참회하옵니다.

불자는 늘 참회하는 삶을 살아야 한다. 말과 행동으로 지은 죄는
물론이고 마음으로 지은 죄도 참회해야 한다. 그 죄는 모두 탐진치
를 다스리지 못하여 저지른 것이다. 참회하는 삶은 남에 대한 이해

와 자비행으로 이어진다. 또 제대로 참회한 사람은 다른 사람의 참회도 쉽게 받아들일 줄 안다. 불교에서는 남의 참회를 받아주지 않고 화를 내면 그것은 바로 계를 범하는 것이 된다.

이러한 참회는 '근본적 차원'에서 하는 참회인 이참理懺이 아니고 '현실적 차원'에서 죄를 뉘우치고 행동으로 보여주는 참회이다. 그것을 사참事懺이라 한다. 나를 내세울 것이 없다고 생각하는 사람은 스스럼없이 자기가 저지른 모든 것을 드러낸다. 대중들에게 자기의 허물을 스스로 고백하고 용서를 구한다. 한 달에 두 번씩 열리는 포살布薩이나 안거가 끝나고 대중들과 갖는 자자自恣가 바로 그런 참회의식이다.

상대방을 앞에 두고 직접 자기의 과오에 대해 참회하여야 죄를 없앨 수 있다. 그러나 여건이 안 되면 부처님에게 예배드리면서 참회하여 죄를 없애야 한다. 그것을 예참禮懺이라 한다. 참회는 아무리 해도 지나친 것이 아니다. 그것이 바로 불자다운 자세이며 삶이다. 『천수경』에서는 죄에 따라 다음에 나오는 12명의 부처님에게 참회하여 죄를 없애고 있다.

참제업장십이존불懺除業障十二尊佛

참제업장십이존불이란 업의 장애를 제거해주는 열두 부처님을 말한다. 관세음보살은 중생의 죄업에 따라 각각 다른 부처님의 모

습으로 나타나 그 업장을 소멸해준다. 사실 관세음보살은 과거세에 이미 성불하여 이름이 정법명여래正法明如來였다. 그 관세음보살이 화신불이 되어 열두 분의 부처님으로 나투신 것이다. 열두 분의 부처님은 각각 다음과 같은 업장을 소멸시켜 준다.

나무참제업장보승장불南無懺除業障寶勝藏佛

보광왕화렴조불寶光王火燄照佛

일체향화자재력왕불一切香華自在力王佛

백억항하사결정불百億恒河沙決定佛

진위덕불振威德佛

금강견강소복괴산불金剛堅強消伏壞散佛

보광월전묘음존왕불寶光月殿妙音尊王佛

환희장마니보적불歡喜藏摩尼寶積佛

무진향승왕불無盡香勝王佛

사자월불師子月佛

환희장엄주왕불歡喜莊嚴珠王佛

제보당마니승광불帝寶幢摩尼勝光佛

저장해 둔 진리의 보물로 중생이 남에게 진 신세와 허물을 없애주시는 참제업장보승장불께 귀의합니다.

지혜의 불꽃으로 모든 업장을 태워 사치와 낭비의 죄업을 없애주시는 보광왕화렴조불께 귀의합니다.

온갖 향화의 자재력으로 모든 업장을 없애주시는 일체향화재력왕불께 귀의합니다.

백억 항하강의 모래알 수만큼 많은 선행을 닦아 중생의 살생 죄업을 결정적으로 없애주시는 백억항하사결정불께 귀의합니다.

위덕으로 중생의 음행과 악담한 죄업을 없애주시는 진위덕불께 귀의합니다.

금강 같은 견고하고 강한 지혜로 모든 업장을 청소하고 조복받고 무너뜨리고 흩어지게 해서, 지옥에 떨어질 죄업을 없애주시는 금강견강소복괴산불께 귀의합니다.

달빛이 널리 비추듯 묘음을 전해주시고 모든 업장을 없애주시는 보광월전묘음존왕불께 귀의합니다.

환희의 창고에 가득 찬 마니의 보배로 기쁘게 하며 성낸 죄업을 없애주시는 환희장마니보적불께 귀의합니다.

다할 수 없는 가르침의 향기로 수승하게 생사의 고통을 해결해주고 모든 업장을 없애주시는 무진향승왕불께 귀의합니다.

사자처럼 위엄 있고 달처럼 지혜로워 축생으로 태어날 죄업을 없애주시는 사자월불께 귀의합니다.

환희로써 장엄한 구슬로 살생 및 도둑질의 모든 죄업을 없애주시는 환희장엄주왕불께 귀의합니다.

제석천의 보배깃발과 마니로 탐욕으로 지은 모든 죄업을 없애주시는 제보당마니승광불께 귀의합니다.

　열두 분의 부처님에게 참회가 끝나면 행동과 말과 생각으로 지은 열 가지 죄를 낱낱이 참회하는 십악참회를 한다. 사람으로 살다 보면 하루도 죄를 짓지 않고 살아가기 힘들다. 그러므로 자신을 되돌아보며 날마다 참회하는 삶을 살아야 한다.

십악참회十惡懺悔

살생중죄금일참회殺生重罪今日懺悔

투도중죄금일참회偸盜重罪今日懺悔

사음중죄금일참회邪淫重罪今日懺悔

망어중죄금일참회妄語重罪今日懺悔

기어중죄금일참회綺語重罪今日懺悔

양설중죄금일참회兩舌重罪今日懺悔

악구중죄금일참회惡口重罪今日懺悔

탐애중죄금일참회貪愛重罪今日懺悔

진에중죄금일참회瞋恚重罪今日懺悔

치암중죄금일참회癡暗重罪今日懺悔

살생하여 지은 죄를 오늘 참회하옵니다.

도둑질로 지은 죄를 오늘 참회하옵니다.

사음하여 지은 죄를 오늘 참회하옵니다.

거짓말로 지은 죄를 오늘 참회하옵니다.

발림말로 지은 죄를 오늘 참회하옵니다.

이간질로 지은 죄를 오늘 참회하옵니다.

험한 말로 지은 죄를 오늘 참회하옵니다.

욕심내어 지은 죄를 오늘 참회하옵니다.

성냄으로 지은 죄를 오늘 참회하옵니다.

어리석어 지은 죄를 오늘 참회하옵니다.

우리가 짓는 죄를 행위별로 나누면 10가지(十惡)가 된다. 십악참회는 그것들 하나하나를 좀 더 구체적으로 참회하는 것을 말한다. 몸으로 짓는 죄(신업身業)는 살생과 도둑질(투도偸盜), 삿된 음행의 3가지이고, 입으로 짓는 죄(구업口業)는 거짓말(망어妄語), 아첨하는 말(기어綺語), 이간질하는 말(양설兩舌), 험한 말(악구惡口)의 네 가지이다. 마음으로 짓는 죄(의업意業)에도 세 가지가 있으니 탐욕(貪), 화냄(瞋), 어리석음(癡)의 마음을 내는 것이다. 이러한 마음은 독이 되어 우리를 고통스럽게 만들기 때문에 삼독심三毒心이라 부른다. 탐욕은 소유하고자 하는 마음이고, 화냄은 분노와 증오, 저주 등을 말한다. 어리석음이란 진리를 알지 못하고 자기만이 옳다고 생각하는 것이다.

몸과 말로 짓는 행동(業)은 겉으로 드러나 남이 인식할 수 있다. 그래서 드러난 업(표업表業)이라 하고, 마음으로 짓는 업(의업意業)은 당사자만 알 수 있을 뿐 상대방이 인식할 수 없으므로 드러나지 않는 업(무표업無表業)이라고 한다. 불교에서는 모든 업의 근원이

마음에서 비롯된다고 생각하여 마음속으로 짓는 업인 의업意業을 더 중요시한다.

우리는 몸·입·마음으로 짓는 열 가지 죄를 날마다 참회해야 한다. 마음에서 탐진치 삼독이 사라지지 않는 한 우리는 날마다 죄를 지으며 살아가기 때문이다. 그렇다고 해서 참회가 습관적으로 이루어지는 의례적인 행위가 되어서는 안 된다. 다시는 그런 잘못을 저지르지 않겠다는 다짐을 해야 한다.

죄를 지은 업장은 구체적이고 현실적인 참회(事懺)에 의해서 소멸된다. 하지만 이치적인 참회(理懺)의 차원에서 보면 그것은 한 생각에 사라진다고 했다. 죄를 짓는 것은 마음이 근본이기 때문이다. 천수다라니를 진심으로 지송하니 모든 번뇌가 소멸하여 백겁 동안 쌓아온 모든 죄가 한 생각에 없어진다는 것이다. 죄를 지었다고 계속 죄책감 속에서만 살 수는 없다. 마른 풀에 불이 붙으면 아무 것도 남기지 않고 다 타서 없어지듯이 지은 죄도 한 생각에 사라질 수 있다는 것이다.

백겁적집죄百劫積集罪　일념돈탕진一念頓蕩盡
여화분고초如火焚枯草　멸진무유여滅盡無有餘
백겁천겁 쌓은 죄업
한 생각에 없어져서
마른 풀을 불태운 듯

남김없이 사라지네.

참회를 한 후 죄가 모두 사라져서 그 죄업을 들여다보니 번뇌에 찬 마음에서 일어난 것이라는 것을 알게 된다. 번뇌에 찬 마음이 없어지니 어찌 죄가 남을 수 있겠는가. 번뇌를 없애는 것, 이것이야말로 참된 참회인 것이다.

죄무자성종심기罪無自性從心起　심약멸시죄역망心若滅是罪亦忘
죄망심멸양구공罪亡心滅兩俱空　시즉명위진참회是卽名爲眞懺悔
죄는 본래 따로 없고 마음 따라 일어난 것이니
그 마음 없어지면 죄 또한 사라지네.
죄를 잊고 마음 멸해 모두 다 공해지면
이것을 이름하여 참된 참회라 부른다네.

죄라는 것은 실체가 따로 있는 것이 아니고 마음에 따라 일어난 것이다. 지은 죄를 잊고 죄를 지으려는 마음이 사라져서 모두 공해지면 이것이 바로 참된 참회이다. 죄를 짓게 만드는 번뇌에 찬 마음, 즉 이기적인 마음을 없애는 것이 바로 진정한 참회(理懺)인 것이다. 번뇌가 없어지면 마치 태고의 어둠이 한 순간의 불빛에 사라져버리듯이 죄도 역시 그렇다는 것이다. 언뜻 보면 번뇌가 있는 인간이 죄인으로 보이지만 번뇌가 있기 전 본래의 우리는 부처인 것

이다.

참회진언懺悔眞言
옴 살바 못자모지 사다야 사바하 (3번)
옴! 모든 부처님과 보살님께 업장소멸을 비옵니다. 원만히 성취
하게 하소서.

　죄업을 참회하는 참회진언으로 참회의식을 마무리하게 된다. 참
회의 근본은 불보살님께 귀의하여 그들처럼 삶을 바르게 살아가겠
다고 다짐하는 데 있다. 이젠 천수다라니에 대한 모든 것이 마무리
되고 준제주准提呪에 대한 찬탄과 공덕이 이어진다.
　『천수경』에는 많은 진언이 나오지만 그중 주된 진언은 천수다라
니이다. 그리고 그에 버금가는 비중을 차지하는 것이 바로 준제진
언이다. 그렇게 말할 수 있는 근거는, 준제진언이 지송되기에 앞서
서 천수다라니처럼 그의 공덕이 설해지고 귀의를 다짐한 후 진언
을 독송하고 발원을 하는 등의 형식을 따르고 있기 때문이다. 아래
의 준제주에 대한 내용은 모본 『천수경』에는 없고 『불설칠구지불
모준제대명다라니경』의 경문을 발췌한 것이다. 『천수경』에 준제주
가 함께 자리한 것은 이름만 다를 뿐 준제보살은 관세음보살과 같
은 보살이기 때문에 자연스럽게 첨가, 편집된 것으로 보인다.

준제공덕취准提功德聚　적정심상송寂靜心常誦
일체제대난一切諸大難　무능침시인無能侵是人
천상급인간天上及人間　수복여불등受福如佛等
우차여의주遇此如意珠　정획무등등定獲無等等

준제주의 크신 공덕　일념으로 늘 외우면
그 어떠한 어려움도　감히 침입 못한다네.
천신이나 인간들도　부처님같이 복 받으며
이 여의주 만난 이는　가장 큰 법 이루리라.

나무칠구지불모대준제보살南無七俱胝佛母大准提菩薩 (3번)

이 게송에서와 마찬가지로 준제주를 일념으로 외우면 부처님처
럼 복을 받게 된다고 한다. 준제주를 여의주如意珠라고도 하는데,
여의주와 같이 모든 것을 마음대로 이루게 해주기 때문이다. 그만
큼 준제주를 염송하는 공덕이 크다고 한다. 청정한 마음에서는 나
를 앞세우지 않기 때문에 이루지 못할 일이 없다.

그래서 준제주는 모든 장애를 소멸하여 깨달음을 신속하게 얻게
해주는 힘이 있다고 경에서 말하고 있다. 그 다음에는 준제보살에
대한 귀의가 나온다.

준제보살의 준제는 청정을 의미한다. 번뇌 망상을 잘 다스려야
청정하게 될 수 있다. 번뇌 망상이 없는 청정함 속에 모든 공덕이

갖추어져 있는 것이다. 준제보살이란 바로 관세음보살의 또 다른 이름이다.

준제관음은 성관음聖觀音, 천수관음千手觀音, 마두관음馬頭觀音, 십일면관음十一面觀音, 여의륜관음如意輪觀音, 불공견색관음不空羂索觀音과 함께 밀교의 7관음 중 하나에 속하는 관세음보살을 말한다. 그래서 준제주가 『천수경』에서 천수다라니와 함께 대등하게 자리할 수 있는 것이다.

준제관음은 세 개의 눈에 열여덟 개의 팔이 있다. 세 개의 눈으로 중생이 가진 미혹, 죄업, 괴로움을 바르게 보고, 열여덟 개의 팔로 그들을 남김없이 제거하여 청정하게 만들어준다는 것이다. 준제관음은 인간세계를 교화하는 관음으로 재앙을 없애주고, 소원과 수명연장, 지식습득의 원을 성취시켜주고 깨달음을 이루게 해주는 보살이다.

나무칠구지불모대준제보살南無七俱胝佛母大准提菩薩은 "7억 부처님의 어머니, 위대한 준제보살님께 귀의합니다"라는 의미이다. 반야부 경전에서는 반야般若를 부처님의 어머니(佛母)라고 하고, 『열반경』에서는 불성佛性이 부처님을 낳는 어머니라고 하였다. 우리가 부처가 될 수 있는 것은 반야를 체득해야 하고, 불성이 있어야 하기 때문이다.

그런데 『천수경』에서는 준제보살을 불모佛母라고 한다. 그 이유는 준제관음이 중생이 깨달을 수 있도록 도와주는 보살이기 때문이다. 준제보살에 귀의한다는 말은 마음 밖의 어느 대상에 귀의하는 것이 아니고 본래 우리가 가지고 있는 청정한 심성에 귀의하는 것이다. 번뇌가 없는 청정한 마음이 바로 불성이다. 그래서 중생과 부처가 둘이 아닌 것이다.

정법계진언淨法界眞言
옴 남 (3번)

정법계진언은 법계를 깨끗이 하는 진언이다. '옴 남'의 뜻은 "옴, 광명이여!"로 해석할 수 있다. '옴 남'에서 '남'은 광명을 뜻하며 번뇌를 태워서 법계를 정화시킨다는 뜻이다. 그 광명은 다름 아닌 지혜의 불을 의미한다. 다시 말하면 지혜의 광명으로 탐진치 삼독의 번뇌 망상을 모두 태워서 법계를 깨끗하게 한다는 것이다.

호신진언護身眞言
옴 치림 (3번)

몸을 보호하는 진언은 '옴, 치림'인데 '옴! 평안하게 하소서!'라는 뜻이다. '치림'은 길상吉祥으로 번역되는데, 행복·안녕·번영·영광·평화 등을 의미하는 복합적인 뜻을 담고 있다. 실로 몸을 보호하는 것은 외부의 힘에 의해서가 아니라 삼독을 제거하여 몸을

청정하게 할 때 가능한 것이다.

관세음보살본심미묘육자대명왕진언
觀世音菩薩本心微妙六字大明王眞言
옴 마니 반메 훔 (3번)

'육자진언'이라고 흔히 부르는 '관세음보살본심미묘육자대명
왕진언'은 그 이름처럼 관세음보살의 미묘한 본심을 나타내는 진
언이다. 관세음보살의 본심이란 중생을 제도하고자 하는 마음을
말한다. 경(『육자대명왕다라니경』, 『불설대승장엄보왕경』)에 의하면
"이 진언을 성심으로 염송하는 것만으로도 사악한 마음을 덜어내
며 온갖 재앙이나 병환, 도적 등의 재난으로부터 관세음보살이 자
신을 수호해주어 성불을 하거나 큰 자비를 얻는다"고 한다. 그 뜻
은 "옴, 연꽃 속에 있는 보석이여, 훔"이다. 여기서 연꽃은 지혜, 보
석은 자비를 의미한다. 훔은 번뇌가 없는 청정한 상태를 의미하는
말로 청정한 진리의 세계, 번뇌 망상이 사라진 상태를 나타낸다.

준제진언准提眞言
나무 사다남 삼먁삼못다 구치남 다냐타
옴 자례주례 준제 사바하 부림 (3번)

준제진언은 다른 진언과 다르게 2중 구조로 구성되어 있다. 앞부분의 '나무 사다남 삼먁삼못다 구치남 다냐타'는 마치 진언처럼 생각되지만 진언이 아니고 부처님에 대한 귀의를 먼저 다짐하는 구절이다. 뜻을 풀이하면 '나무 사다남 삼먁삼못다 구치남'은 '7억의 부처님께 귀의합니다'이고 '다냐타'는 '설設해 말하기를'이라는 의미이다. 그러므로 그 내용을 풀어서 말하면 "7억의 부처님께 귀의하면서 (진언을) 말씀드리면(다음과 같다)"을 뜻한다.

그 뒤에 나오는 '옴 자례주례 준제 사바하 부림'이 본 진언이다. 그 뜻은 "옴! 유행존遊行尊이시여, 가장 존귀한 분이시여, 묘의妙意 청정존이시여, 원만히 성취하게 하소서"이다.

유행존은 중생을 구제하려 온갖 곳으로 옮겨 다니는 분이라는 의미이고, 가장 존귀한 분은 정수리에 살상투(육계肉髻)가 있는 분으로 가장 높으신 분을 뜻한다. 묘의 청정존은 심오한 뜻을 가진 청정한 분이라는 의미이다. 준제진언을 외우는 수행자는 깨달음을 얻은 공덕을 널리 회향하는 발원을 다음과 같이 세워야 한다.

아금지송대준제我今持誦大准提　즉발보리광대원即發菩提廣大願
원아정혜속원명願我定慧速圓明　원아공덕개성취願我功德皆成就
원아승복편장엄願我勝福徧莊嚴　원공중생성불도願共衆生成佛道
내 이제 준제주를 지성으로 외우면서
크고 넓은 보리심의 광대한 원 세우오니

267

선정지혜 닦고 닦아 속히 밝게 이루소서.

온갖 공덕 다 배워서 모두 성취하시옵고

높은 복과 큰 장엄을 두루두루 갖추어서

그지없는 중생들과 함께 불도 이루소서.

준제주를 지송하며 보리심의 광대한 원력을 세워야 한다는 것
이다. 자신의 욕망 충족이 목적이었던 삶에서 다른 사람들의 이익
을 먼저 생각하는 새로운 원願을 세웠기 때문이다. 그 원의 내용이
바로 계정혜 삼학을 잘 닦아서 공덕을 다 이루어 그 수승한 복으로
온 세상을 두루 장엄하여 모든 중생들과 함께 불도를 이루기를 바
라는 것이다.

여래십대발원문如來十大發願文

원아영리삼악도願我永離三惡道

원아속단탐진치願我速斷貪瞋癡

원아상문불법승願我常聞佛法僧

원아근수계정혜願我勤修戒定慧

원아항수제불학願我恒隨諸佛學

원아불퇴보리심願我不退菩提心

원아결정생안양願我決定生安養

원아속견아미타願我速見阿彌陀

원아분신편진찰願我分身遍塵刹

원아광도제중생願我廣度諸衆生

내 이제 삼악도를 여의옵기 원합니다.

내 이제 탐진치를 어서끊기 원합니다.

내 이제 불법승을 항상듣기 원합니다.

내 이제 계정혜를 힘껏닦기 원합니다.

내 이제 부처님법 늘배우기 원합니다.

내 이제 보리심을 안여의기 원합니다.

내 이제 극락세계 태어나기 원합니다.

내 이제 아미타불 속히뵙기 원합니다.

내 이제 나튼몸을 두루퍼기 원합니다.

내 이제 모든중생 제도하기 원합니다.

중생이란 업業을 지으며 살아가는 사람이다. 업이란 나를 중심에 둔 생각과 행동을 말한다. 그것은 바로 탐진치를 바탕으로 하는 삶이다. 그런 삶은 지옥, 아귀, 축생의 세계인 삼악도에 떨어지기 십상이다. 그래서 불교에서는 나를 중심에 두지 않는 무아無我·무상無常·공空의 삶을 강조한다.

그것이 바로 원願의 힘이다. 원이란 나를 중심으로 삼던 삶에서 남을 먼저 배려하는 삶으로 전환하겠다는 스스로의 약속이다. 삶의 목표를 자비와 보시에 두겠다는 것이다. 그것이 바로 남을 이롭

게 하는 행위(이타행)이고 사회 윤리적 실천의 삶인 것이다. 그러한 행동을 하겠다는 것이 발원이다.

자비와 보시의 실천은 깨달음의 준비이자 결과이기도 하다. 이러한 열 가지 발원에 의해 모든 부처님들이 중생에서 부처로 태어났다. 그러므로 이 발원문은 우리 중생들의 발원문이기도 한 것이다. 처음 '원아영리삼악도'와 '원아속단탐진치'는 현실에 대한 겸허한 인정이며, 자기 자신에 대한 정확한 통찰이다. 내가 지금 탐진치에 가득 찬 마음으로 삼악도의 세계를 살고 있다는 것을 인정하면서 앞으로는 이전과 다른 새로운 삶을 살겠다는 원을 세우는 것이다. 바로 부처님의 가르침을 듣고 배우고 닦아서 깨달음을 이루겠다는 결심이다.

그 닦음의 결과가 아미타부처님이 계시는 서방정토에 태어나서 중생을 널리 제도하는 것이다. '안양'은 극락세계와 같은 말이다. 고통이 없고 단지 즐거움만 있는 곳이 극락이다. 이곳에 태어나면 아미타부처님의 설법을 항상 들을 수 있고 결국 성불을 하게 된다. 그 성불한 몸으로 우주에 두루하여 모든 중생을 제도하겠다는 서원을 세우는 것이다. 관세음보살은 아미타불을 시중들면서 중생을 구제해주는 보살이다. 그래서 우리도 불보살님처럼 네 가지의 큰 서원을 세우게 된다.

발사홍서원發四洪誓願

중생무변서원도衆生無邊誓願度　번뇌무진서원단煩惱無盡誓願斷

법문무량서원학法門無量誓願學　불도무상서원성佛道無上誓願成

가없는 중생을 모두 건지오리다.

끝없는 번뇌를 모두 끊으오리다.

한량없는 법문을 모두 배우오리다.

위없는 깨달음 모두 이루오리다.

　불교의 궁극적인 목적은 무엇일까? 그 정답을 사홍서원은 말하고 있다. 바로 중생제도이다. 중생제도란 사바세계의 중생을 깨달음의 세계로 인도하여 고통을 없애주는 것이다. 성불成佛은 중생제도라는 종착역으로 가기 위한 하나의 정거장이다. 모든 중생이 제도된 세상이 바로 불국토이다. 그래서 중생을 건지는 것이 먼저 강조되고 있는 것이다. 그것을 뒷받침할 수 있는 것이 바로 번뇌를 끊고, 법문을 배우고, 깨달음을 이루는 것이다.

자성중생서원도自性衆生誓願度　자성번뇌서원단自性煩惱誓願斷

자성법문서원학自性法門誓願學　자성불도서원성自性佛道誓願成

마음속의 모든 중생 맹세코 건지오리다.

마음속의 모든 번뇌 맹세코 끊으오리다.

마음속의 모든 법문 맹세코 배우오리다.

마음속의 모든 불도 맹세코 이루오리다.

　알고 보면 우리의 자성에는 본래 성불할 모든 소양이 갖추어져 있다. 그래서 중생과 부처가 다르지 않고(자성중생서원도), 번뇌가 들끓고 있는 것 같아도 우리에게는 본래 청정무구함이 갖추어져 있고(자성번뇌서원단), 한량없는 진리가 갖추어져 있고(자성법문서원학), 깨달음이 갖추어져 있으니(자성불도서원성) 그것을 찾아내기만 하면 되는 것이다.

　불교는 고통의 소멸에 그 목적이 있다. 그런데 고통이란 상대방이나 주위와 아무런 관련이 없이 홀로 일어나는 것이 아니다. 모든 현상이 서로 연결되어 있는 것처럼 고통도 역시 그렇다. 그래서 중생이 아프면 불보살도 아픈 것이다. 남을 고통에서 구하는 것은 결국 나를 제도하는 것이다. 위없는 깨달음은 바로 중생을 제도해야 하는 실천의 무한성과 직결되는 것이다.

　발원이귀명례삼보發願已歸命禮三寶
　발원을 마치고 목숨 바쳐 삼보에 귀의합니다.

　나무상주시방불南無常住十方佛
　나무상주시방법南無常住十方法
　나무상주시방승南無常住十方僧

시방세계에 항상 계신 부처님께 귀의합니다.
시방세계에 항상 계신 법보님께 귀의합니다.
시방세계에 항상 계신 승보님께 귀의합니다.

지금까지 말한 모든 가르침을 따르는 것은 불법승 삼보에 대한 귀의로부터 시작되기 때문에 시방에 계신 삼보에 대한 귀의를 다시 한 번 강조하고 있는 것이다.

애송되는
불교 명문 名文

XII

1. 보왕삼매론

「보왕삼매론寶王三昧論」은 수행 과정에서 흔히 나타나는 장애를 극복하기 위한 10가지 지침을 담고 있는 글로,『보왕삼매염불직지寶王三昧念佛直指』제17편에 실린 십대애행十大礙行을 새롭게 편집한 글이다.(명대明代 묘협妙叶 지음, 생몰연대 미상)

1. 몸에 병이 없기를 바라지 말라. 몸에 병이 없으면 탐욕이 생기기 쉽나니, 그래서 성인이 말씀하시기를 '병고로써 양약良藥을 삼으라' 하셨느니라.

2. 세상살이에 곤란이 없기를 바라지 말라. 세상살이에 곤란함이 없으면 업신여기는 마음과 사치한 마음이 생기나니, 그래서 성인이 말씀하시기를 '근심과 곤란으로써 세상을 살아가라' 하셨느니라.

3. 공부하는 데 마음에 장애가 없기를 바라지 말라. 마음에 장애가 없으면 배우는 것이 넘치게 되나니, 그래서 성인이 말씀하시기를 '장애 속에서 해탈을 얻으라' 하셨느니라.

4. 수행하는 데 마魔가 없기를 바라지 말라. 수행하는 데 마가 없으면 서원이 굳건해지지 못하나니, 그래서 성인이 말씀하시기를 '모든 마군으로써 수행을 도와주는 벗을 삼으라' 하셨느니라.

5. 일을 꾀하되 쉽게 되기를 바라지 말라. 일이 쉽게 되면 뜻을 경솔한 데 두게 되나니, 그래서 성인이 말씀하시기를 '여러 겁을 겪어서 일을 성취하라' 하셨느니라.

6. 친구를 사귀되 내가 이롭기를 바라지 말라. 내가 이롭고자 하면 의리를 상하게 되나니, 그래서 성인이 말씀하시기를 '순결로써 사귐을 길게 하라' 하셨느니라.

7. 남이 내 뜻대로 순종해주기를 바라지 말라. 남이 내 뜻대로 순종해주면 마음이 스스로 교만해지나니, 그래서 성인이 말씀하시기를 '내 뜻에 맞지 않는 사람들로써 원림園林을 삼으라' 하셨느니라.

8. 공덕을 베풀려면 과보를 바라지 말라. 과보를 바라면 도모하는 뜻을 가지게 되나니, 그래서 성인이 말씀하시기를 '덕을 베푼 것을 헌신짝처럼 버려라' 하셨느니라.

9. 이익을 분에 넘치게 바라지 말라. 이익이 분에 넘치면 어리석은 마음이 생기나니, 그래서 성인이 말씀하시기를 '적은 이익으로써 부자가 되라' 하셨느니라.

10. 억울함을 당해도 밝히려고 하지 말라. 억울함을 밝히면 원망하는 마음을 돕게 되나니, 그래서 성인이 말씀하시기를 '억울함을 당하는 것으로 수행하는 문을 삼으라' 하셨느니라.

2. 이산혜연 선사 발원문

삼보에 귀의하여 무명 속에서 지은 업을 참회하고 현실에서의 수명과 복덕을 기원하며, 다음으로 대승의 지혜를 닦고 관음보살의 대자비를 구하며, 마지막으로 모든 중생의 극락왕생을 서원하고 있다.(당대唐代 이산혜연怡山慧然 지음, 운허스님 옮김)

시방삼세 부처님과 팔만사천 큰법보와
보살성문 스님네께 지성귀의 하옵나니
자비하신 원력으로 굽어살펴 주옵소서 (절)
저희들이
참된성품 등지옵고 무명속에 뛰어들어
나고죽는 물결따라 빛과소리 물이들고

심술궂고 욕심내어 온갖번뇌 쌓았으며
보고듣고 맛봄으로 한량없는 죄를지어
잘못된길 갈팡질팡 생사고해 헤매면서
나와남을 집착하고 그른길만 찾아다녀
여러생에 지은업장 크고작은 많은허물
삼보전에 원력빌어 일심참회 하옵나니
바라옵건대
부처님이 이끄시고 보살님네 살피옵서
고통바다 헤어나서 열반언덕 가사이다
이세상의 명과복은 길이길이 창성하고
오는세상 불법지혜 무럭무럭 자라나서
날적마다 좋은국토 밝은스승 만나오며
바른신심 굳게세워 아이로서 출가하여
귀와눈이 총명하고 말과뜻이 진실하며
세상일에 물안들고 청정범행 닦고닦아
서리같이 엄한계율 털끝인들 범하리까
점잖은   거동으로 모든생명 사랑하여
이내목숨 버리어도 지성으로 보호하리
삼재팔난 만나잖고 불법인연 구족하여
반야지혜 드러나고 보살마음 견고하여
제불정법 잘배워서 대승진리 깨달은뒤

육바라밀 행을닦아 아승지겁 뛰어넘고
곳곳마다 설법으로 천겁만겁 의심끊고
마군중을 항복받고 삼보님을 뵙사올제
시방제불 섬기는일 잠깐인들 쉬오리까
온갖법문 다배워서 모두통달 하옵거든
복과지혜 함께늘어 무량중생 제도하며
여섯가지 신통얻고 무생법인 이룬뒤에
관음보살 대자비로 시방법계 다니면서
보현보살 행원으로 많은중생 건지올제
여러갈래 몸을나눠 미묘법문 연설하고
지옥아귀 나쁜곳엔 광명놓고 신통보여
내모양을 보는이나 내이름을 듣는이는
보리마음 모두내어 윤회고를 벗어나되
화탕지옥 끓는물은 감로수로 변해지고
검수도산 날선칼날 연꽃으로 화하여서
고통받던 저중생들 극락세계 왕생하며
나는새와 기는짐승 원수맺고 빚진이들
갖은고통 벗어나서 좋은복락 누려지다
모진질병 돌적에는 약풀되어 치료하고
흉년드는 세상에는 쌀이되어 구제하되
여러중생 이익한일 한가진들 빼오리까

천건만겁 내려오던 원수거나 친한이나
이 세상 권속들도 누구누구 할것없이
얽히었던 애정끊고 삼계고해 뛰어나서
시방세계 중생들이 모두성불 하사이다
허공끝이 있사온들 이내소원 다하리까
유정들도 무정들도 일체종지 이루어지이다.

3. 나옹화상 발원문

석가모니부처님, 문수·보현·관세음·지장보살처럼 중생들을 제도
하고 해탈할 수 있도록 어떤 어려움이 있어도 큰 원이 성취되게 해
달라는 내용을 담은 기도문이다.(고려, 나옹懶翁, 1320~1376)

원아세세생생처願我世世生生處
원하옵건대 세세생생 나는 곳 어디에서나
상어반야불퇴전常於般若不退轉
언제나 반야의 지혜로부터 물러나지 않게 하시고
여피본사용맹지如彼本師勇猛智
석가모니부처님처럼 용맹한 지혜를 얻게 하오며
여피사나대각과如彼舍那大覺果
노사나부처님처럼 큰 깨달음을 얻게 하소서.

여피문수대지혜如彼文殊大智慧

문수보살님처럼 큰 지혜 지니오며

여피보현광대행如彼普賢廣大行

보현보살님처럼 광대한 원행을 가지며

여피지장무변신如彼地藏無邊身

지장보살님처럼 끝없는 몸을 나투며

여피관음삼이응如彼觀音三二應

관세음보살님처럼 32응신을 갖추어서

시방세계무불현十方世界無不現

시방세계 어디든지 마음대로 다니면서

보령중생입무위普令衆生入無爲

모든 중생 교화하여 열반 경지 얻게 하며

문아명자면삼도聞我名者免三途

나의 이름 듣는 이는 삼악도를 벗어나고

견아형자득해탈見我形者得解脫

나의 형상 보는 이는 해탈을 얻게 하소서.

여시교화항사겁如是敎化恒沙劫

이와 같이 교화하기 영원토록 계속하여

필경무불급중생畢竟無佛及衆生

필경 부처도 중생도 없는 세계 이뤄지이다.

원제천룡팔부중願諸天龍八部衆

바라옵건대 모든 천룡팔부중이시여

위아옹호불리신爲我擁護不離身

저를 항상 지켜주고 옹호해주시어

어제난처무제난於諸難處無諸難

어느 곳에서도 어려움 없게 하여

여시대원능성취如是大願能成就

이 같은 큰 원 모두 다 성취하여지이다.

4. 법성게

「법성게法性偈」는 방대한 양의 『화엄경』을 의상대사가 260자의 한
자로 요약한 게송이다. 법성이라는 한 단어로 『화엄경』의 모든 내
용을 포섭하여 자리행·이타행·수행을 노래하고 있다.(신라, 의상義
湘, 625~702)

법성원융무이상法性圓融無二相

제법부동본래적諸法不動本來寂

법의 성품은 원융하여 두 모습이 본래 없고

모든 법은 부동하여 본래부터 고요하다.

무명무상절일체無名無相絶一切

증지소지비여경證知所知非餘境

이름도 없고 형상도 없고 일체가 끊어져

증득한 지혜로 알 바이고 다른 경계가 아니다.

진성심심극미묘眞性甚深極微妙

불수자성수연성不守自性隨緣成

참된 성품 매우 깊고 극히 미묘하여

자성을 지키지 않고 연을 따라 이룬다.

일중일체다중일一中一切多中一

일즉일체다즉일一卽一切多卽一

하나에 모든 것 들어 있고 많은 것에 하나 있어

하나가 곧 일체이고 많은 것이 곧 하나이다.

일미진중함시방一微塵中含十方

일체진중역여시一切塵中亦如是

하나의 티끌 속에 시방을 포함하고

일체 티끌 중에도 또한 그와 같다.

무량원겁즉일념無量遠劫卽一念

일념즉시무량겁一念卽是無量劫

285

한량없는 먼 겁이 곧 일념이고
일념이 곧 무량겁이다.

구세십세호상즉九世十世互相卽
잉불잡란격별성仍不雜亂隔別成
구세와 십세가 서로 상즉하면서도
흐트러지지 않고 따로 이룬다.

초발심시변정각初發心時便正覺
생사열반상공화生死涅槃相共和
처음 발심할 때가 문득 정각이며
생사와 열반이 언제나 함께한다.

이사명연무분별理事冥然無分別
십불보현대인경十佛普賢大人境
이와 사가 명연하여 분별이 없으니
십불과 보현의 대인 경계이다.

능인해인삼매중能仁海印三昧中
번출여의부사의繁出如意不思議
부처님은 해인삼매 가운데서

번출의 여의함이 불가사의하다.

우보익생만허공雨寶益生滿虛空

중생수기득이익衆生隨器得利益

중생에 이익 주는 보배 비 허공에 가득하나

중생들은 그릇 따라 이익을 얻는다.

시고행자환본제是故行者還本際

파식망상필부득叵息妄想必不得

그러므로 수행자가 본제에 돌아가니

망상을 쉬지 않고는 얻을 수 없다.

무연선교착여의無緣善巧捉如意

귀가수분득자량歸家隨分得資糧

무연의 선교로 여의주 잡아

귀가함에 분수 따라 자량 얻는다.

이다라니무진보以多羅尼無盡寶

장엄법계실보전莊嚴法界實寶殿

다라니라는 다함없는 보배로써

법계의 진실한 보배궁전을 장엄하여

궁좌실제중도상窮坐實際中道床
구래부동명위불舊來不動名爲佛
마침내 실제의 중도자리에 앉으니
예로부터 부동함을 부처라 한다.

5. 무상계

「무상계無常戒」는 『아함경』을 비롯하여 『인왕반야바라밀경』·『종
경록』 등 대소승 경전과 선문헌 등에서 제행의 무상을 설한 명구
들을 뽑아 모은 게송으로서, 일체가 무상하니 모든 집착을 버리고
불타에 귀의하여 왕생극락할 것을 돌아가신 영가에게 고하는 글이
다. 이 글을 누가, 언제 편찬했는지 정확하지 않지만, 1600년에 간
행된 나암진일懶庵眞一의 『석문가례초釋門家禮抄』에 실린 게송이 가
장 오래된 문헌으로 보인다. 그는 『오삼집五杉集』·『석씨요람釋氏要
覽』 등을 읽고 이들 문헌이 상례를 자세히 기록하고 있긴 하지만,
이는 중국이 존숭하는 법으로서 해동의 예절에는 맞지 않는다고
생각하여 그 요지를 골라서 뽑았다고 한다. 이러한 서문의 내용으
로 볼 때, 무상계는 나암진일이 편집한 글이라고 보아도 무방할 것
으로 보인다.

　무상계는 열반에 들어가는 요긴한 문이며 고해를 건너는 자비

의 배이니라. 그러므로 모든 부처님들께서도 이 계를 인연으로 하여 열반에 드셨으며 모든 중생들도 이 계를 의지하여 고해를 건너야 하느니라.

○○○ 영가시여! 오늘 그대는 모든 감관과 모든 경계를 벗어버리고 신령한 의식이 뚜렷하게 드러나서 거룩한 부처님의 계를 받게 되었으니 이 얼마나 다행한 일입니까?

○○○ 영가시여, 세월이 흘러 오래되면 광대한 우주도 무너지고 수미산과 큰 바다도 다 없어지는 것인데 하물며 이 육신이 태어나고, 늙고, 병들고, 죽는 것과 근심, 슬픔, 괴로움, 번민을 무슨 수로 벗어날 수 있겠습니까?

○○○ 영가시여, 그대의 머리카락·터럭·손톱·발톱·이빨, 그리고 가죽·살·힘줄·뼈·뇌·골수와 때 같은 것은 다 흙으로 돌아가고, 침·눈물·피·고름과 땀과 진액·가래·정기·대소변은 다 물로 돌아가고, 몸의 더운 기운은 불로 돌아가고, 움직이는 기운은 바람으로 돌아가서 4대가 각각 흩어지고 나면 오늘날 영가의 돌아가신 몸이 어디 있다고 하리오?

○○○ 영가시여, 4대가 원래 헛것이기에 조금도 애석해할 것이 없습니다. 그대는 오랜 옛적부터 오늘에 이르기까지 무명無明이 근본이 되어 선악의 행업(行)을 지었고, 이 행업으로 말미암아 세상에 태어나려는 의식작용(識)을, 이 의식작용이 정신과 물질인 명색名色을, 명색이 여섯 감관(六入)을, 이 여섯

감관이 감각(觸)을, 감각작용이 지각(受)을, 지각작용이 갈애(愛)를, 갈애가 탐취심(取)을, 탐취심이 존재의 욕구(有)를 짓고, 존재의 욕구가 대사 태어나는(生) 근본 연이 되며, 태어남은 마침내 늙고 죽고 근심 걱정하는 번뇌(老死憂悲苦惱)의 근원이 되는 것입니다.

그러므로 무명이 없어지면 선악의 행업이 없어지고, 선악의 행업이 없어지면 고정관념의 의식작용이 없어지고, 고정관념의 의식작용이 없어지면 명색이 없어지고, 명색이 없어지면 여섯 가지 감관이 없어지고, 여섯 가지 감관이 없어지면 감각이 없어지고, 감각이 없어지면 지각이 없어지고, 지각이 없어지면 갈애가 없어지고, 갈애가 없어지면 탐취심이 없어지고, 탐취심이 없어지면 존재의 욕구가 없어지고, 존재의 욕구가 없어지면 태어남이 없어지고, 태어남이 없어지면 늙고 죽고 근심 걱정하는 번뇌도 다 없어지는 것입니다.

이 세상의 모든 것은 그 바탕이 본래부터 스스로 고요한 상이어서 불자로서 도를 행하면 오는 세상에 부처가 될 것입니다. 모든 것은 덧없어서 나고 죽는 생멸법이고, 나고 죽는 것이 다하여 없어지면 열반의 즐거움이 있게 됩니다.

부처님에 귀의합니다. 가르침에 귀의합니다. 승가에 귀의합니다. 과거 보승여래이신 응공·정변지·명행족·선서·세간해·무상사·조어장부·천인사·불·세존께 귀의합니다.

○○○ 영가시여, 이제 당신께서는 몸(五陰)을 벗어버리고 신령한 의식이 뚜렷이 드러나 부처님의 거룩한 계를 받았으니 이 얼마나 기쁘고 통쾌한 일입니까?

○○○ 영가시여, 이제 마음대로 하늘 세계나 부처님 계신 곳에 태어나게 되었으니 참으로 기쁘고 기쁜 일입니다. 서쪽에서 오신 조사의 뜻 가장 당당하시니 스스로가 마음을 밝히면 본성의 고향이라, 묘한 체가 맑고 맑아 있는 곳이 따로 없어 산과 물과 대지에 참모습을 나타냅니다.

참고문헌

『般若波羅蜜多心經』

『千手千眼觀世音菩薩廣大圓滿無礙大悲心陀羅尼經』

『列祖提綱錄』卷第九

『瑜伽集要救阿難陀羅尼焰口軌儀經』

『准提淨業』一卷「准提淨業」卷之三

『大方廣佛華嚴經』卷第四十「入不思議解脫境界普賢行願品」

『七俱胝佛母所說准提陀羅尼經』

『廬山蓮宗寶鑑』「念佛正願」卷第七(七章)

『瑜伽集要救阿難陀羅尼焰口軌儀經』

『藥師七佛供養儀軌如意王經』권1

『佛說木槵子經』

『佛說七俱胝佛母准提大明陀羅尼經經』

『大乘義章』

『六字大明王陀羅尼經』

『佛說大乘莊嚴寶王經』

월호, 『천수경 강의』(운주사, 2008)

지광스님, 『능인법요집』(도서출판 능인, 불기 2532년)

여태동, 『템플스테이, 산사에서의 하룻밤』(이른아침, 2004)

대한불교조계종포교원, 『한국불교의 이해』(대한불교조계종포교원, 2003)

민희식·이진우 편저,『천수경』(블루리본, 2009)

교양교재편찬위원회,『불교문화사』(동국대학교출판부, 2009)

석청암 엮음,『불교, 절에 대한 바른 이해』(우리출판사 1996)

무비,『예불문과 반야심경』(불일출판사, 1993)

김호성,『천수경의 비밀』(민족사, 2005)

김현준,『생활속의 예불문』(효림. 2011)

김현준,『사찰, 그 속에 깃든 의미』(교보문고, 1991)

고성훈,『반야심경 해설』(우리출판사, 1985)

김길상,『불교대사전』(홍법원, 2001)

법중,『진리의 등불』(불교서원, 1999)

허균,『사찰 100美 100選』(불교신문사, 2007)

이기영,『반야심경 금강경』(한국불교연구원, 1997)

이호철,『우리 절에서 역사적으로 쉬고 오다』(가람기획, 2010)

정각,『천수경연구』(운주사, 1997)

광덕,『반야심경강의』(불광, 1990)

브라이언 헤이콕·김수진,『템플스테이 in 택시』(리더스북: 웅진씽크빅, 2012)

유철상『(마음으로 떠나는) 산사체험: 템플스테이』(랜덤하우스중앙, 2005)

한정갑,『재미있는 사찰이야기』(여래, 2002)

자이慈怡,『불광대사전』(대만 불광출판사, 1988)

한국불교문화사업단,『Templestay Guidebook』

부록: 템플스테이 사찰

*지역별: 사찰명/주소/전화번호/홈페이지

서울

조계사	曹溪寺(삼각산)	종로구 견지동 45 www.jogyesa.kr	02-732-2115
화계사	華溪寺	강북구 수유1동 화계사길 47길 www.hwagyesa.org	02-900-4326
길상사	吉祥寺	성북구 성북2동 323 www.kilsangsa.or.kr	02-3672-0036
보문사	普門寺	성북구 보문동 3가 169 www.bomunsa.or.kr	02-928-3797
묘각사	妙覺寺	종로구 숭인동 178-3 www.myogaksa.net	02-763-3109
봉은사	奉恩寺	강남구 삼성동 73 www.bongeunsa.org	02-3218-4800
금선사	金仙寺(삼각산)	종로구 구기동 196-2 www.geumsunsa.org	02-395-9955
국제선센터	國際禪院	양천구 신정동 319-11 www.seoncenter.or.kr	02-2650-2214
진관사	津寬寺(삼각산)	은평구 진관동 354 www.jinkwansa.org	02-388-7999
관문사	觀門寺(우면산)	서초구 우면동 56 www.gwanmunsa.org	02-3460-5300

경기도

육지장사	六地藏寺(도리산)	양주시 백석읍 기산리 294-3	031-871-0101
		www.yukjijangsa.org	
용주사	龍珠寺(화산)	화성시 송산동 188	031-235-6886
		www.yongjoosa.or.kr	
용문사	龍門寺(용문산)	양평군 용문면 신점리 625	031-775-5797
		www.yongmunsa.org	
연주암	戀主庵(관악산)	과천시 중앙동 85-1	02-502-3234
		www.yeonjuam.or.kr	
신흥사	新興寺(구봉산)	화성시 서신면 상안리 72-15	031-357-2695
		www.shinheungsa.or.kr	
보광사	普光寺(고령산)	파주시 광탄면 영장리 13	031-948-7700
		www.bokwangsa.net	
흥국사	興國寺(노고산)	고양시 덕양구 지축동 203	02-381-7970
		www.heungguksa.or.kr	
신륵사	神勒寺	여주군 여주읍 천송리 282	031-885-9024
		www.silleuksa.org	
수도사	修道寺	평택시 포승읍 원정리 산119	031-682-3169
		www.sudosa.co.kr	
봉인사	奉印寺(천마산)	남양주시 진건읍 송능2리 304	031-574-5585
		www.bonginsa.net	
봉선사	奉先寺	경기 남양주시 진접읍 부평리 255	070-8802-1953
		www.bongsunsa.net	
법륜사	法輪寺(문수산)	용인시 처인구 원삼면 고당리 243-2	031-332-5702
		www.bubryunsa.co.kr	
백련사	白蓮寺(축련산)	가평군 상면 연하리 366	031-585-3855
		www.baekryunsa.org	

묘적사	妙寂寺(묘적산)	남양주시 와부읍 월문리 222	031-577-1761
		www.묘적사.kr	
금강정사	金剛精寺	광명시 소하2동 341-2	02-898-8200
		www.sejon.org	
화운사	華雲寺(멱조산)	용인시 처인구 삼가동 33-1	031-335-2576
		www.hwaunsa.kr	

인천시

국제연등선원	國際蓮燈禪院	강화군 길상면 길직리 85-1	032-937-7033
		www.산사체험.kr	
전등사	傳燈寺(정족산)	강화군 길상면 온수리 635	032-937-0152
		www.jeondeungsa.org	

강원도

백담사	百潭寺(설악산)	인제군 북면 용대리 백담로746	
		033-462-5035/5565 www.baekdamsa.org	
명주사	明珠寺(치악산)	원주시 신림면 황둔리 1706-1	033-761-7885
		www.gopanhwa.or.kr	
월정사	月精寺(오대산)	평창군 진부면 동산리 63	033-332-6664-5
		www.woljeongsa.org	
화암사	禾巖寺(설악산)	고성군 토성면 화암사로 1	033-633-1525
		www.hwaamsa.co.kr	
신흥사	新興寺(설악산)	속초시 설악동 170	033-636-8001
		www.sinhungsa.or.kr	
삼화사	三和寺(두타산)	동해시 삼화로 584	033-534-7676
		www.samhwasa.or.kr	
삼운사	三雲寺(봉의산)	춘천시 후평1동 590-18	033-241-1330

		www.samwoonsa.or.kr	
낙산사	洛山寺(오봉산)	양양군 강현면 전진리55	033-672-2447~8
		www.naksansa.or.kr	
법흥사	法興寺(사자산)	영월군 수주면 법흥리 422-1	033-375-9173
		www.bubheungsa.or.kr	
구룡사	龜龍寺(치악산)	원주시 소초면 학곡리 1029	033-732-4800
		www.guryongsa.or.kr	
건봉사	乾鳳寺(금강산)	고성군 거진읍 냉천리 36	033-682-8100
		www.geonbongsa.org	
현덕사	(만월산)	강릉시 연곡면 삼산리 569-1	033-661-5878
		www.hyundeoksa.or.kr	

충청남도

갑사	甲寺(계룡산)	공주시 계룡면 중장리 52	041-857-8981~2
		www.gapsa.org	
마곡사	麻谷寺(태화산)	공주시 사곡면 운암리 567	041-841-6226
		www.magoksa.or.kr	
부석사	浮石寺(도비산)	서산시 부석면 취평리 160	041-662-3824
		www.busuksa.com	
수덕사	修德寺(덕숭산)	예산군 덕산면 수덕사 안길 79	010-7225-0173
		www.sudeoksa.com	
무상사	無上寺(계룡산)	계룡시 향한리 51-9	042-841-6084
		www.musangsa.org	
영평사	永平寺(장군산)	세종시 장군면 산학리 441	041-854-1854
		www.youngpyungsa.org	
지장정사	地藏精舍	논산시 노성면 화곡리 44-7	041-732-5629
		www.jijang.net	

전통불교문화원 傳統佛敎文化院(태화산) 공주시 사곡면 운암리 604

          041-841-5050 www.budcc.com

서광사   瑞光寺   서산시 읍내동 556   041-664-2002

          www.seogwangsa.or.kr

충청북도

석종사   釋宗寺(금봉산)   충주시 직동 149   043-854-4505

          www.suckjongsa.com

구인사   救仁寺(소백산)   단양군 영춘면 구인사길 73   043-420-7315

          www.guinsa.org

법주사   法住寺(속리산)   보은군 속리산면 사내리 209   043-544-5656

          www.beopjusa.org

반야사   般若寺   영동군 황간면 우매리 151-1   043-742-7722

          www.banyasa.com

경상북도

청량사   淸凉寺(청량산)   봉화군 명호면 북곡리 247   054-674-1446

          www.cheongryangsa.org

직지사   直指寺(황악산)   김천시 대항면 운수리 216   054-429-1716

          www.jikjisa.or.kr

은해사   銀海寺(팔공산)   영천시 청통면 치일리 479   054-335-3318

          www.eunhae-sa.org

용문사   龍門寺(용문산)   예천군 용문면 내지리 391   054-655-8695

          www.yongmoonsa.org

골굴사   骨窟寺(함월산)   경주시 양북면 안동리 산304-1 054-744-1689

          www.golgulsa.com

고운사   孤雲寺(등운산)   의성군 단촌면 구계리 116   054-833-6933

www.gounsa.net

| 기림사 | 祇林寺(함월산) | 경주시 양북면 호암리 419 | 054-744-2292 |

www.kirimsa.net

| 봉정사 | 鳳停寺(천등산) | 안동시 서후면 봉정사길 222 | 054-853-4181 |

www.bongjeongsa.org

| 대승사 | 大乘寺(사불산) | 문경시 산북면 전두리 8 | 054-552-7105 |

www.daeseungsa.or.kr

| 장육사 | 莊陸寺(운서산) | 영덕군 창수면 갈천1리 120 | 054-733-6289 |

www.jangyuksa.com

| 불국사 | 佛國寺(토함산) | 경주시 진현동 15-1 | 054-746-9913 |

www.bulguksa.or.kr

| 심원사 | 深源寺(가야산) | 성주군 수륜면 백운리 산65-1 | 054-931-6886 |

www.simwonsa.kr

| 선석사 | 禪石寺(선석산) | 성주군 월항면 인촌리 217 | 054-933-9800 |

www.seonseoksa.org

| 도리사 | 挑李寺(태조산) | 경북 구미시 해평면 송곡리 403 | 054-474-3877 |

www.dorisa.or.kr

대구시

| 동화사 | 桐華寺(팔공산) | 동구 도학동 35 | 053-982-0223 |

www.donghwasa.net

| 파계사 | 把溪寺(팔공산) | 동구 중대동 7 | 053-984-4550 |

www.pagyesa.org

경상남도

| 용문사 | 龍門寺(호구산) | 남해군 이동면 용소리 868 | 055-862-4425 |

www.yongmunsa.net

금봉사	金鳳寺(지리산)	하동군 악양면 신흥리 3 www.keumbongsa.org	055-882-2371
대광사	大廣寺(장복산)	창원시 진해구 태백동 산84-14 www.daegwangsa.or.kr	055-545-9595
성주사	聖住寺(불모산)	창원시 천선동 102 www.seongjusa.com	055-262-0108
옥천사	玉泉寺(연화산)	고성군 개천면 북평리 408 www.okcheonsa.or.kr	055-672-6296
해인사	海印寺(가야산)	경상남도 합천군 가야면 치인리 10 www.haeinsa.or.kr	055-934-3110
쌍계사	雙磎寺(삼신산)	하동군 화개면 운수리 208 www.ssanggyesa.net	055-883-1901
통도사	通度寺(영취산)	양산시 하북면 지산리 583 www.tongdosa.or.kr	055-382-7182
관음정사	觀音精舍(불모산)	김해시 진례면 신안리 900 www.gotemplestay.kr	055-345-4741
대원사	大源寺(지리산)	산청군 삼장면 유평리 2 www.daewonsa.net	055-974-1112

부산시

홍법사	弘法寺	금정구 두구동 1220-1 www.busanbuddhism.com	051-508-0345
운수사	雲水寺(백양산)	사상구 모라로 219번길 173 www.woonsoosa.co.kr	051-313-3300
범어사	梵魚寺(금정산)	금정구 청룡동 546 www.beomeo.kr	051-508-3122~7

전라북도

내소사	來蘇寺(능가산)	부안군 진서면 석포리 268 www.naesosa.org	063-583-3035
금산사	金山寺(모악산)	김제시 금산면 금산리 39 www.geumsansa.org	063-548-4441
송광사	松廣寺(종남산)	완주군 소양면 대흥리 569-2 www.songkwangsa.org	063-243-8091
실상사	實相寺(지리산)	남원시 산내면 입석리 50 www.silsangsa.or.kr	063-636-3191
숭림사	崇林寺(함라산)	익산시 웅포면 송천리 5 www.sunglimsa.com	063-862-6394
선운사	禪雲寺(도솔산)	고창군 아산면 삼인리 500 www.seonunsa.org	063-561-1375

전라남도

선암사	仙巖寺(조계산)	순천시 승주읍 죽학리 802 www.seonamsa.net	061-754-6250
유마사	維摩寺(모후산)	화순군 남면 유마리 321 www.yumasa.com	061-374-0050
송광사	松廣寺(조계산)	순천시 송광면 신평리 12 www.songgwangsa.org	061-755-0107~9
불회사	佛會寺(덕룡산)	나주시 다도면 마산리 999 www.bulhoesa.org	061-337-3440
불갑사	佛甲寺(불갑산)	영광군 불갑면 모악리 8 www.bulgapsa.org	061-352-8097
쌍계사	雙溪寺(첨찰산)	진도군 의신면 사천리 76 www.jdssanggyesa.com	061-542-1165

백양사	白羊寺(백암산)	장성군 북하면 약수리 26 www.baekyangsa.org	061-392-0434
백련사	白蓮寺(만덕산)	강진군 도암면 만덕리 246 www.baekryunsa.net	061-432-0837
미황사	美黃寺(달마산)	해남군 송지면 서정리 247 www.mihwangsa.com	061-533-3521
도림사	道林寺(동악산)	곡성군 곡성읍 월봉리 327 www.dorimsa.net	061-362-2727
신흥사	(남망산)	완도군 완도읍 성내리 168 www.sinheungsa.net	061-554-2634
도갑사	道岬寺(월출산)	영암군 군서면 도갑리 8 www.dogapsa.org	061-473-5122
대흥사	大興寺(두륜산)	해남군 삼산면 구림리 799 www.daeheungsa.co.kr	061-535-5775
대원사	大原寺(천봉산)	보성군 문덕면 죽산리 831 www.daewonsa.or.kr	061-852-1755
흥국사	興國寺(영취산 진례산)	여수시 중흥동 산17 www.여수흥국사.kr	061-685-5633
화엄사	華嚴寺(지리산)	구례군 마산면 황전리 12 www.hwaeomsa.org	061-782-7600
천은사	泉隱寺(지리산)	구례군 광의면 방광리 70 www.choneunsa.org	061-781-4800

광주시

증심사	證心寺(무등산)	동구 운림동 56 www.jeungsimsa.org,	062-226-0108
무각사	無覺寺	서구 치평동 산1	062-383-0107

www.mugaksa.or.kr

제주도

약천사	藥泉寺	서귀포시 대포동 1165	064-738-5000
		www.yakchunsa.org	
광명사	光明寺	서귀포시 중문동 2273	064-738-2452
		(개편중)	
관음사	觀音寺(한라산)	제주시 아라1동 387	064-724-6830
		www.jejugwaneumsa.or.kr	

● 남궁 선

1949년 전북 익산에서 태어났다.
연세대학교 의과대학을 졸업했으며,
현재 파라밀요양병원 원장으로 있다.
동국대학교에서 철학박사(불교학) 학위를 취득하였고,
저서로『붓다를 애먹인 사람들』,
논문으로『불교 업사상의 생태철학적 연구』등
다수가 있다.

템플스테이 길라잡이

초판 1쇄 인쇄 2013년 8월 29일 | **초판 1쇄 발행** 2013년 9월 6일
엮은이 남궁 선 | **펴낸이** 김시열
펴낸곳 도서출판 운주사

     (136-034) 서울 성북구 동소문동 4가 270번지 성심빌딩 3층
     전화 (02) 926-8361 | **팩스** 0505-115-8361
ISBN 978-89-5746-355-0 03220   값 15,000원
http://cafe.daum.net/unjubooks 〈다음카페: 도서출판 운주사〉